असन्तोष के दिन

(उपन्यास)

असन्तोष के दिन

राही मासूम रज़ा

राजकमल प्रकाशन

ISBN : 978-81-267-0832-1

मूल्य : ₹495

पहला संस्करण : 1986
तीसरा संस्करण : 2018
This book is printed on **Print on Demand** Technology : 2024

प्रकाशक : राजकमल प्रकाशन प्रा.लि.
1-बी, नेताजी सुभाष मार्ग, दरियागंज
नई दिल्ली-110 002

शाखाएँ : अशोक राजपथ, साइंस कॉलेज के सामने, पटना-800 006
पहली मंजिल, दरबारी बिल्डिंग, महात्मा गांधी मार्ग, प्रयागराज-211 001
1, अनमोल सोराबजी संतुक लेन, धोबी तलाव, मरीन लाइंस, मुम्बई-400 002

वेबसाइट : www.rajkamalprakashan.com
ई-मेल : info@rajkamalprakashan.com

ASANTOSH KE DIN
Novel by Rahi Masoom Raza

शीला सन्धू के नाम
कि जो वह
लगातार डाँट न पिलाती रहतीं
तो शायद मैं यह उपन्यास
न लिख पाता

–राही मासूम रज़ा

इस कहानी में जो लोग चल-फिर रहे हैं, हँस-बोल रहे हैं, मर-जी रहे हैं, उन्हें अल्लाह मियाँ ने नहीं बनाया है; मैंने बनाया है। इसलिए यदि अल्लाह के बनाए हुए किसी व्यक्ति से मेरे बनाए हुए किसी व्यक्ति का नाम-पता मिल जाए तो क्षमा चाहता हूँ।

–राही मासूम रज़ा

भूमिका

यह तो मौसम है वही
दर्द का आलम है वही
बादलों का है वही रंग,
हवाओं का है अन्दाज़ वही
जख़्म उग आए दरो-दीवार पे सब्ज़े की तरह
ज़ख़्मों का हाल वही
लफ़्ज़ों का मरहम है वही
दर्द का आलम है वही
हम दिवानों के लिए
नग़मए-मातम है वही
दामने-गुल पे लहू के धब्बे
चोट खाई हुई शबनम है वही ...
यह तो मौसम है वही
दोस्तो !
आप,
चलो
खून की बारिश है
नहा लें हम भी
ऐसी बरसात कई बरसों के बाद आई है।

पुराना ऐडीशन

आकाशवाणी से अंग्रेजी में समाचार आ रहे थे कि सरकारी आँकड़ों के अनुसार भिवण्डी, थाणे, कल्याण और बम्बई महानगरी में कुल मिलाकर अब तक 151 आदमी मारे जा चुके हैं।

फ़ात्मा ने लुक़्मा दिया ! एक सिफ़र और बढ़ा लो, कम-से-कम।

किसी ने फ़ात्मा की बात का जवाब नहीं दिया। सबने उसकी तरफ़ देखा ज़रूर। शायद सब फ़ात्मा से सहमत थे। 37 वर्षों का यह अनुभव था कि इन मामलों में सरकारी आँकड़े हमेशा गलत होते हैं।

यूँ भी आकाशवाणी पर से जनता का भरोसा कब का उठ चुका था। समाचारों के शौकीन तो बी.बी.सी. सुनते हैं। साहब आप कुछ कहें; अंग्रेज झूठ नहीं बोलता !

और लन्दन से कल साढ़े-बारह बजे रात को रेवती का फ़ोन आया था।

"अब्बास भाई, मैं रेवती बोल रहा हूँ।"

"अरे कब आए?"

"आया कहाँ। लन्दन से बोल रहा हूँ।" अब अब्बास घबराया कि इतनी गई रात को रेवती ने लन्दन से क्यों फ़ोन किया?

"सलमा कैसी है?" अब्बास ने पूछा।

सलमा उसकी छोटी बहन का नाम था। और जब सलमा-रेवती इश्क़ की ख़बर का बम फूटा और उसके ख़ानदान की नौ सौ बरस पुरानी दीवारें हिल रही थीं और घर में कुहराम मचा हुआ था और अब्बास ने चुप साध ली थी और अड़ोस-पड़ोस तक की बड़ी-बूढ़ियाँ सलमा के मरने की दुआएँ माँग रही थीं, तब उसने चुपचाप रेवती से सलमा की शादी करवा दी थी कि मज़हब का इश्क़ों से क्या लेना-देना।

कहते हैं, इश्क़ नाम के गुज़रे हैं एक बुजुर्ग
हम लोग भी मुरीद उसी सिलसिले के हैं।

उसके लिए इश्क़ सबसे बड़ा था और जहाँ तक इश्क़ का सवाल है, अब्बास जानता था कि इश्क़ पोस्टल ऐडरेस नहीं पूछता पर वह हमेशा ठीक पते पर पहुँच जाता है।

अगर ख़ानदान में उसकी माली हालत सबसे अच्छी न रही होती तो शायद वह कुज़ात कर दिया गया होता। पर सभी को उसके पैसों की ज़रूरत थी। इसलिए अब्बा के सिवा सभी खून के घूँट पीकर चुप हो गए। बड़ी बाजी ने गुस्से में उसके लिए एक नया स्वेटर बुनना शुरू कर दिया। बाजी ने गुस्से में उसके साथ जाने के लिए चने का हलवा पकाना शुरू कर दिया और हैदरी फूफी गुस्से में उसके लिए इमाम ज़ामिन तैयार करने लगीं...

बाद में सब मिले। बस सलमा नहीं मिली। क्योंकि वह शादी के बाद ही लन्दन चली गई। वह हर साल आने का प्रोग्राम बनाती और वह प्रोग्राम गड़बड़ हो जाता और अब तो उसकी बड़ी बेटी तसनीम सत्रह साल की हो चुकी है और उर्दू नहीं जानती। बोल लेती है पर लिख-पढ़ नहीं सकती। सलमा को इसका दुःख भी था। उसने एक ख़त में लिखा था :

"मँझले भाई, कमबख्त किसी तरह उर्दू सीखने पर तैयार नहीं होती। तहसीन माशा अल्लाह से कलामे-पाक भी पढ़ रही है और उर्दू भी..."

तहसीन उसकी दूसरी बेटी का नाम था जो अब शायद पन्द्रह साल की होगी...

"अरे चुपचाप रिसीवर लिये दीवार को क्या देख रहे हो?" सैयदा की आवाज़ ने उसे चौंका दिया। लन्दन से सलमा की रुआँसी आवाज़ आ रही थी...

"मैं तो बी. बी. सी. पर बलवों की तस्वीरें देखते ही रोने लगी कि अल्लाह मँझले भाई भी तो बान्द्रे में हैं..."

"बलवा बान्द्रा ईस्ट में हो रहा है।"

"आपकी तरफ़ सब ख़ैरियत है ना..." टी.वी. पर महदी हसन के प्रोग्राम का कैसेट शुरू हो गया।

देख तो, दिल कि जाँ से उठता है,
यह धुआँ-सा कहाँ से उठता है।

"अरे भई ज़रा अवाज़ दबाव।" अब्बास ने झल्लाकर कहा।

"जी!" उधर से सलमा ने पूछा।

"तुमसे नहीं!" अब्बास ने कहा। "तसनीम और तहसीन कैसी हैं?"

"तसनीम तो अपने एक नीगरो फ्रेण्ड की बर्थ-डे पार्टी में गई है। ख़ाक़पड़ी को वह कलूटा ही पसन्द आया। मैंने तो साफ कह दिया कि होशों में रहो...।"

दीवारों में दीवारें। साढ़े सत्तर बरस पहले मुहल्ला सैयदवाड़े की बड़ी-बूढ़ियाँ खुद सलमा के बारे में ऐसी बातें कह चुकी थीं...ख़ाक़पड़ी को वह मुआ हिन्दू ही पसन्द आया। '66 और '84–18 वर्षों में सिर्फ़ एक शब्द बदला, 'हिन्दू' की जगह 'कलूटा' आ गया। सन् '66 की क्रान्तिकारी सलमा '84 तक आते जब 17 वर्ष की तसनीम की माँ बनी तो अतीत के दलदल में गिरी और बड़ी बाजी बन गई। हैदरी फूफी बन गई। पड़ोस की अब्दुर्रहीम बो बन गई। अल्लाह! उलटे पैरों की यह यात्रा कब ख़त्म होगी!

उधर से सलमा लगातार बोले जा रही थी–"पर आपके चहेते रेवती के कानों पर तो जाने क्या अल्लाह की मार है कि बेटी की जबानी तक नहीं रेंगती। बैठे मुस्कुरा-मुस्कुरा के पाइप पिए जा रहे हैं। अर्ना भैंसे जैसा रंग, तवे में अल्ला ने आँख-नाक लगा दिया है। अच्छाई क्या कि मुआ क्रिकेट अच्छा खेलता है। मैंने तो गुस्से में आकर मुजतबा के बैट-वैट भी तोड़ डाले। यह सब परेशानियाँ क्या कम थीं कि वहाँ बम्बई में बलवे भी शुरू हो गए। और बी.बी.सी. ने ऐसी खौफनाक तस्वीरें दिखलाईं, मँझले भाई कि मेरा तो दिल हिल गया। वह तो अल्ला भला करे रेवती का, फोन लगा के थमा दिया..."

टी. वी. पर अब 'मक़सद' चलने लगी थी। माज़िद वी.सी.आर. की कलें ऐंठ रहा था। सैयदा ने अपनी जगह से बैठे-बैठे डाँटा–

"अरे मज्जू, अल्ला के वास्ते वी.सी.आर. पर रहम कर!"

और राजेश खन्ना ने श्रीदेवी से पहेली बुझाई :

"पहले तो अरोड़ा-मरोड़ा, फिर थूक लगा के घुसेड़ा।"

श्रीदेवी की समझ में यह पहेली नहीं आई तो उसने वह पहेली दुहराई। समझ में नहीं आई। अब राजेश खन्ना ने समझाया कि चूड़ी और चुढौरा। पहले कलाई मरोड़ता है। फिर थूक लगा के...

अब्बास ने लाहौल पढ़कर हाथ बढ़ाया और टी.वी. बन्द कर दिया।

"क्या हुआ?" सलमा ने लन्दन से पूछा।

"यहाँ बलवों से ज़्यादा ख़तरनाक एक फ़िल्म चल रही थी– 'मक़सद'। उसे बन्द कर दिया।"

"क़ादिर ख़ाँ को क्या हो गया है। मँझले भाई! छी छी! इतने गन्दे और बेहूदा डॉयलाग। सेंसरवालों ने यह फ़िल्म अफ़्यून के नशे में देखी थी क्या!"

"पता नहीं पर राजेश खन्ना की पहेली में ज़बान की ग़लतियाँ हैं, सुई में धागा, थूक लगा के घुसेड़ा नहीं जाता, पिरोया जाता है। डाला जाता है। और यह..."

"ऐ खाक डालिए मुए पर," सलमा ने कहा, "तहसीन को हिन्दी फ़िल्में देखने का बड़ा शौक है। मैंने कहा यह अक़सद-मक़सद-जैसी फ़िल्में नहीं चलेंगी घर में। 'आक्रोश' देखो। 'अर्धसत्य' देखो। 'खण्डहर' देखो। 'सारांश' देखो..."

"क्या 'सारांश' का कैसेट आ गया?"

"मुद्दत हुई। मुझे तो वह घाटन हतंगड़ी अच्छी नहीं लगी। कस्तूरबा बनने का नशा उतरा नहीं। इतराती ज्यादा है। ऐक्टिंग कम करती है और उर्दू बहुत ऐंठ-ऐंठ के बोलती है।"

"उर्दू नहीं, हिन्दी।" अब्बास ने कहा।

"यह बहस फिर मत शुरू कीजिए मँझले भाई," सलमा ने कहा, "भाभी कैसी है?"

"उन्हीं से पूछा लो।"

रिसीवर उसने सैयदा को दे दिया।

माज़िद 'मिली' चला रहा था। मगर प्रिण्ट ख़राब था। जया भादुड़ी फुदक-फुदककर टैरेस पर बच्चियों के साथ कोई गाना गा रही थी।

यकायक सलमा की किसी बात पर सैयदा खिलखिला के हँस पड़ी और अब्बास को लगा कि बम्बई में होनेवाले बलवों की ख़बर ग़लत है और यह ख़बर झूठी है कि 'मक़सद' हिट हो गई है। क्योंकि ऐसी फ़िल्मों के हिट होने का मतलब यह है कि ऐडल्टरेटिड सिनेमा ने तो सिनेमा को पीछे धकेल दिया है। यह ज़हरीली शराब पीकर कितने लोग मरेंगे यह कौन सोचता है।

मासिक 'अदब' के सम्पादक होने के नाते इस सिनेमा का विरोध करना क्या उसका कर्त्तव्य नहीं है?

कर्त्तव्य! केवल एक शब्द! अर्थ और शब्द के बीच...सो व्हाट

ऐवरीबडी कम्प्रोमार ज़ेज।...

फ़ात्मा की आवाज़ आई। झल्लाई हुई। अब्बास ने मुड़कर देखा। हमेशा की तरह फ़ात्मा और माज़िद में किसी बात पर बहस छिड़ी हुई थी।

"दैन यू आर ए फूल।" माज़िद बोला।

"एण्ड यू आर ए डैम-फूल।" फ़ात्मा ने कहा।

दोनों की निगाह उस पर पड़ी और दोनों हँसने लगे।

माज़िद को बहस करने का बड़ा शौक था। लोग अगर अमरीका के तरफ़दार होते तो वह रूस का तरफ़दार हो जाता। लोग अगर यहूदियों की तारीफ़ करते तो वह हिटलर का भक्त हो जाता।

अब्बास, माज़िद की तरफ़ देखकर दिल-ही-दिल में मुसकरा दिया। वह खुद अब्बास का बचपन था। फ़र्क सिर्फ़ यह था कि माज़िद को इस उम्र में जितनी बातें मालूम थीं उतनी बातें अब्बास को इस उम्र में मालूम नहीं थीं। या तब शायद इतनी बातें ही न रही हों।

"तुम लोग आख़िर हर वक्त झगड़ते क्यों रहते हो?" अब्बास ने कहा।

"यही हर वक़्त लड़ती रहती हैं अब्बू।" माज़िद ने ख़बर दी।

"लाइयर," फ़ात्मा ने बयान दिया, "संगीता से लव नहीं चल रहा है तेरा..."

"संगीता!" अब्बास चकरा गया, "यह तो बिलकुल ही नया नाम है सैयद साहब!"

"गोदरेजवाले मिस्टर शर्मा की बेटी है।" सैयदा ने ख़बर दी।

"मगर तुम दोनों हमेशा अंग्रेजी में क्यों झगड़ते हो। उर्दू-हिन्दी में नहीं झगड़ सकते तो मराठी में झगड़ो।"

"मराठी!" माज़िद गनगना गया, "आई हेट मराठी।"

"वह क्यों भई !"

"बिकाज़ ऑफ यह कि मराठी ने तो हाई स्कूल में मेरी पुज़िशन खराब की।"

"औनली मराठीज़ ऐपियर ऑन द मेरिट लिस्ट।" फ़ात्मा ने फैसला सुना दिया।

"ट्रांसलेट," अब्बास ने कहा।

"सिर्फ़ मराठियों के नेम्स...ओह हैल...नाम, मुझे नहीं मालूम कि

मेरिट लिस्ट को हिन्दी-उर्दू में क्या कहते हैं।"

"मुझे भी नहीं मालूम!" अब्बास ने कहा।

फ़ात्मा खिलखिलाकर हँस पड़ी और गले में बाँहें डालकर प्यार करने के बाद बोली, "मैं सोने जा रही हूँ।"

"ए मज्जू!" सैयदा ने फ़रियाद की, "खुदा के वास्ते यह 'मिली-रिली' बन्द करो, 'गोलमाल' लगा दो।"

माज़िद ने सुना ही नहीं। वह 'वाकमैन' पर उस्ताद अमीर अली खाँ का अहीर भैरव सुनने में लग चुका था। कानों पर ईअर फोन चढ़ा हुआ था। खुद सैयदा भी कालीन पर लेटकर 'सुषमा' में छपी हुई तस्वीरें देखने लगी क्योंकि देवनागरी लिपि वह जानती नहीं थी।

"यार एक हो जाए!" एकदम से अब्बास को प्यास लग गई।

"कोई ज़रूरत नहीं," सैयदा ने डाँटा, "कर्फ़्यू यूँ ही लगा हुआ है।"

वह हँस पड़ा, "कर्फ़्यू को चाय से क्या लेना-देना भई!"

दरवाज़े से पीठ लगाए जया भादुड़ी और अशोक कुमार के सीन पर बाक़ायदा रोता हुआ राम मोहन उठ खड़ा हुआ।

अब्बास देख सकता था कि राम मोहन दिल मारके चाय बनाने उठ रहा है कि वह अभी जया भादुड़ी और अशोक कुमार के सीन पर और रोना चाहता है।

"यौर अमिताभ इज ए हैम," फ़ात्मा की आवाज़ आई। अब्बास ने देखा कि फ़ात्मा और माज़िद में 'वॉकमैन' के लिए खींचातानी हो रही है।

"नो", मज्जू दहाड़ा, "तुम्हारे दिलीप कुमार को फटका लगा दिया उसने 'शक्ति' में।'' और फिर वह अब्बास की तरफ़ मुड़ा, "अब्बू आप बताइए। 'मजदूर' और 'मशाल' में दिलीप कुमार ने क्या किया है?"

"हगा है।" अब्बास ने कहा।

"छी अब्बू!" फ़ात्मा हँसते हुए उसे मारने लगी, "और अमिताभ ने 'महान' और 'इंक़लाब' और 'कुली' में क्या किया है?"

"सुद्दे गिराए हैं, काँख-काँख के।" अब्बास ने कहा।

"भई मुझे 'शुश्मा' पढ़ने दो।" सैयदा ने कहा।

"माँ," मज्जू ने आवाज़ा फेंका, "तुम तो हिन्दी को सिर्फ़ देख सकती हो।"

सैयदा ने करवट ली तो पण्डित नेहरू की आटोग्राफ की हुई तस्वीर

मेज़ से नीचे गिर पड़ी।

इस तस्वीर में सैयदा की जान थी। तब वह चार साल की थी। उसके पिता सैयद अली अमीर अली यू.पी. में मिनिस्टर लगे हुए थे। पण्डितजी के चहेते थे। पण्डितजी लखनऊ आए हुए थे तो उसकी सालगिरह की पार्टी में दस मिनट को आ गए थे। यह तस्वीर तभी की थी। पण्डितजी उसे केक खिला रहे थे।

ज़ाहिर है कि कोई उस तस्वीर की सैयदा को नहीं पहचानता था। जो उस तस्वीर को देखता यही पूछता कि यह कौन बच्ची है जो पण्डितजी के हाथ से केक खा रही है और सैयदा बड़े अन्दाज़ से कहती कि यह वह है! यह कहते वक़्त उसका चेहरा ख़ुशी से तमतमा जाता जैसे इस तस्वीर की वजह से वह हिन्दुस्तान के इतिहास का एक हिस्सा बन गई हो। और इसी तस्वीर के कारण सैयदा श्रीमती गांधी पर भी दिल-ही-दिल में एक अधिकार जमाए हुए थी। वह उनकी हर उलटी-सीधी बात का समर्थन करती। हद तो यह है कि वह इमरजेंसी का भी बचाव करती थी और श्रीमती गांधी पर उसका अटल भरोसा तब भी नहीं डिगा जब इमरजेंसी के दिनों में एक रात पुलिस आकर उसके पति को भी पकड़ ले गई। इल्ज़ाम यह था कि वह सरकार का तख़्ता उलटने-पलटने की कोशिश कर रहा है। इश्क़िया शायरी करनेवाला और मासिक 'अदब' निकालनेवाला अब्बास संसार के सबसे बड़े लोकतन्त्र का तख़्ता उलटने की कोशिश कर रहा है। जबकि अब्बास ने सिर्फ़ इतना गुनाह किया था कि उर्दू पत्रकारों की सभा में उसने इमरजेंसी के पक्ष में वोट नहीं दिया था।

जनता सरकार बन जाने के बाद अब्बास छूटा। घर आया तो उसने देखा कि सैयदा कमरे की झाड़-पोंछ में लगी हुई है। आहट पर वह मुड़ी। अब्बास को देखकर वह खिल उठी। उसने लपककर उसके गाल चूमे। इधर-उधर की बातें करने लगी। वह जेल की बात करना नहीं चाहती थी। उसके दिल के एक कोने में पानी भर रहा था कि श्रीमती गांधी ने उसके अब्बास को जेल भेज दिया था।

पर अब्बास ने देखा कि वह तस्वीर अपनी जगह पर है और कट ग्लास के एक पतले-से गुलदान में गुलाब का एक लाल फूल लम्बी-सी डण्ठल से झुककर पण्डितजी का मुँह चूम रहा है।

इसीलिए जब उसने देखा कि उस तस्वीर के गिरने का सैयदा पर कोई असर नहीं हुआ तो उसे बड़ी हैरत हुई।

"मदर!" मज्जू ने ईयरफोन कान से हटाते हुए कहा–"योर पण्डितजीज़ फोटोग्राफ!"

मगर इससे पहले कि सैयदा कोई जवाब देती, एक ज़बरदस्त धमाका हुआ–उसके फ़्लैट की खिड़कियों के शीशे काँप उठे। फिर लोगों के चीखने-चिल्लाने की आवाज़ आने लगी और फिर गोलियाँ चलने लगीं।

रात के ढाई बज रहे थे। बाहर हंगामा था और सैयद अली अब्बास, सम्पादक मासिक 'अदब' के फ़्लैट में सब चुप थे। टी.वी. पर 'मिली' ख़त्म हो रही थी। हवाई जहाज़ उन्हीं सितारों में गुम रहा था, जिन सितारों में 'मिली' को बड़ी दिलचस्पी थी।

राम मोहन चाय लेकर आ गया।

"तुम पी जाव!" अब्बास ने कहा है।

"यह बम तो मदीना मंज़िल में फटा है," सैयदा ने कहा, "खुदा ग़ारत करे इन हिन्दुओं को।" वह उठकर बैठ गई। "एक प्याली चाय मेरे लिए भी बना लाव," उसने राम मोहन से कहा, "और सुन! कल अपनी बीबी और बच्ची को कर्फ़्यू उठते ही उस झोपड़पट्टी से यहाँ उठा ला! क्या पता वहाँ कब क्या हो जाए!"

"जी बीबीजी!" राम मोहन उसके लिए चाय बनाने चला गया। मज्जू ने उठकर टी.वी. और वी.सी.आर. को बन्द कर दिया।

बाहर गोलियों की आवाज़ बन्द हो चुकी थी। डरे हुए लोगों के चीखने-चिल्लाने की आवाज़ें आ रही थीं और कहीं दूर से आते हुए फ़ायर ब्रिगेड की घण्टियाँ बज-सी रही थीं।

और खुली हुई खिड़की से नारियल के पेड़ में अटका हुआ चाँद दिखाई दे रहा था।

वक़्त ने ऐसा पेच लगाया, टूटी हाथ से डोर,
आँगनवाले नीम में जाकर अटका होगा चाँद।

हम सभी कटी हुई पतंग की तरह आँगनवाला नीम का पेड़ ढूँढ़ रहे हैं क्योंकि हम क्षेत्रवादी दंगों में घिरे हुए हैं और कुछ लोग हमसे यह कह रहे हैं कि बम्बई हिन्दुस्तान में नहीं महाराष्ट्र में है।

अब्बास ने बेख़याली में पास पड़ी हुई किताब उठा ली। वह वाहिद

की भूगोल की किताब निकली। पहले ही पन्ने पर भारतवर्ष का एक रंगीन नक्शा था।

"यार सैयदा यह किताब ग़लत है," उसने कहा, "महाराष्ट्र को हिन्दुस्तान में दिखा रही है।"

"पुराना ऐडीशन होगा।" सैयदा ने कहा। और कमरे में सन्नाटा हो गया।

सम्पादकीय

या अल्लाह, यह कैसे रिश्ते हैं।

स्वर्गीय सैयद अमीर अली की बड़ी बेटी सैयदा मूसवी हिन्दुओं को ग़ारत हो जाने की बद्दुआ भी देती है और राम मोहन के बीवी-बच्चों के लिए परेशान भी है।

स्वर्गीय सैयद अली अकबर, मूसवी की तीसरी बेटी ख़ानदान से बग़ावत करके रेवती श्रीवास्तव से शादी कर लेती है मगर लन्दन में पली-बढ़ी अपनी बेटी तसनीम को एक नीग्रो से इश्क़ करने की इजाज़त नहीं देती।

श्री बाल ठाकरे 'आमची मुम्बई' कहते हैं। परन्तु 'आमची' की परिभाषा क्या है? उसी सीमाएँ क्या हैं! और यदि बम्बई 'आमची' है तो हिन्दुस्तान का क्या होगा?

'बम्बई श्री बाल ठाकरे की है। तमिलनाडू डी. एम.के. या अन्ना डी.एम.के. का है। आन्ध्र श्री एन.टी.आर. का है। कर्णाटक श्री राजकुमार का। पंजाब सन्त भिण्डरावाले का है। असम एक बड़े टेढ़े नामवाली संस्था का है। बनारस भगवान शंकर का है। अजमेर ख्वाजा मुईनउद्दीन चिश्ती का! यू.पी. एटा के डाकुओं का है और राजस्थान चम्बल के डाकुओं का। श्रीनगर डाक्टर फारूक अब्दुल्लाह का है। अमेठी मेनका गांधी या और राजीव गांधी की है–पर मुझे कोई सारे जहाँ से अच्छा जो हिन्दुस्तान है उसका पोस्टल ऐडरेस नहीं बताता। यह नहीं बताता कि हिन्दुस्तान का दाख़िल खारिज किसके नाम है। यह नहीं बताता कि हिन्दुस्तान किसका है। ऐ लावारिस मुल्क तू मेरा है।'

यह सम्पादकीय लिखकर अब्बास ने हस्ताक्षर कर दिए। पर उसने पन्ना पलटा नहीं। अपने हस्ताक्षर की तरफ़ देखता रहा जैसे यह पूछ रहा हो : इस सम्पादकीय का साहित्य से क्या लेना-देना है।

अली अब्बास मूसवी उन लोगों में था जो साहित्य और राजनीति

को अलग-अलग खानों में रखते हैं। मिसाल के तौर पर वह ग़ालिब के इस शे'र को राजनीतिक अर्थ देने पर तैयार नहीं था–

लिखते रहे जुनूँ की हिकायते खूँचकाँ
हर चन्द इसमें हाथ हमारे क़लम हुए।

उसका कहना था काव्य का अर्थ वही है जो काव्य से निकले। काव्य का मतलब वह टोपी नहीं है जो हम उसे ओढ़ा दें। ऊपर लिखे शे'र में कोई सामाजिक या राजनीतिक चेतना ढूँढ़ निकालना केवल प्रगतिशील लेखकों की शरारत है। इसीलिएं वह फ़ैज़ को भी साधारण कवि माना करता था क्योंकि उसके ख़याल में फ़ैज़ के शे'रों से वह मतलब नहीं निकलता जो मार्क्सवादी आलोचक निकालते रहते हैं। जाफ़री वग़ैरा को तो वह शायर ही नहीं मानता था। हाँ, फ़िराक़ गोरखपुरी शायर था। ज़िगर, हसरत, फ़ानी, आर्ज़, यग़ाना, यह लोग शायर थे। इनमें भी हसरत मोहानी का दर्ज़ा वह कम मानता था क्योंकि उन्होंने भी शायरी के गले में कहीं-कहीं राजनीति की रस्सी डालकर उसे घसीटा...।

शायरी दिल की भाषा बोलती है और दिल को राजनीति में कोई दिलचस्पी नहीं है। दिल वोटों के काँटे पर मुहब्बत या वफ़ा को नहीं तोल सकता। जभी तो उसने (ज़र्रीक़लम सैयद अली अहमद जौनपुरी से) ज़िगर मुरादाबादी का यह शे'र लिखाकर (अपने ऑफिस में) अपनी कुर्सी के पीछेवाली दीवार पर टाँग रखा था कि :

उनका जो काम है वह अहले सियासत जानें,
मेरा पैग़ाम मुहब्बत है, जहाँ तक पहुँचे।

इसीलिए उसने सिर्फ़ ग़ज़लें लिखीं और उन ग़ज़लों में भी सिर्फ़ उस सैयदा की बातें करता रहा जिससे उसे प्यार था। शादी के पहले भी। शादी के बाद भी। यही सैयदा प्रगतिशील साहित्य के खिलाफ उसकी ढाल भी थी और तलवार भी।

उसकी ग़ज़लों के दो मिसरों के बीच कहीं सैयदा के लब दिखाई देते, कहीं सैयदा की आँखें, कहीं उसके घने, रेशमी मगर तराशे हुए बाल...

और इसीलिए उस सम्पादकीय के नीचे अपने हस्ताक्षर को वह बड़े आश्चर्य से देख रहा था।

यह मुझे क्या हो रहा है? उसने अपने आपसे सवाल किया।

हिन्दुस्तान में हिन्दू-मुसलमान दंगे कोई पहली बार नहीं हो रहे हैं–शायद आख़िरी बार भी नहीं हो रहे रहे हैं। फिर?

सवेरे के समाचारपत्रों ने मरनेवालों की संख्या 180 तक पहुँचा दी थी। लिखा था कि बलवाई नाम पूछने के बाद छुरे मारते हैं। उसे कृष्णचन्द्र या अहमद अब्बास की वह कहानी याद आ गई कि जब हत्यारे ने मरनेवाले का पैण्ट सरका के देखा तो पता चला कि उसने तो अपने ही धर्मवाले को मार डाला है। तो वह यह कहकर आगे बढ़ गया था कि 'साला मिशटेक' हो गया।

इस बलवे में हत्यारे 'मिशटेक' करना नहीं चाहते थे। और बम्बई जैसी महानगरी में आज हिन्दू को मुसलमान और मराठी को आमराठी से अलग करना लगभग नामुमकिन हो गया है। वहाँ बेचारे हत्यारे नाम न पूछें तो और क्या करें। और शायद इसीलिए इस बार के दंगे लगभग झोंपड़पट्टियों में सीमित हैं क्योंकि ग़रीबों के पास तो गुस्से और धर्म के सिवा कुछ है ही नहीं। वहाँ उन्हें अलग-अलग खानों में बाँटना आसान है। इसलिए 'मिशटेक' के चांसेज कम हैं। अभी परसों की बात है, खुद उसने फ़िल्म निर्माता जानी बख़्शी से हँसकर कहा था : "सरदारजी, यह इसलामी दाढ़ी छँटवा डालो, नहीं तो 'मिशटेक' में मारे जाओगे!..."

अब्बास ने यह बात मज़ाक में कही थी। पर अपने सम्पादकीय के नीचे किए हुए अपने हस्ताक्षर को घूरते हुए उसने अपने आपसे पूछा : क्या मैंने वाक़ई जानी बख़्शी से वह बात मज़ाक में कही थी।

अपने जीवन में पहली बार उसने एक शर्मनाक डर का अनुभव किया। यह डर हज़ार पैरोंवाले एक कीड़े की तरह उसके सारे व्यक्तित्व पर रेंग रहा था।

उसने उस सम्पादकीय के छोटे-छोटे टुकड़े किए और फिर उन्हें रद्दी की टोकरी में फेंककर, मेज़ के पाए से टाँगें टिकाकर कुर्सी पिछली दीवार से टिकाई और आँख बन्द कर ली और अपनी छोटी-सी मीठी आवाज़ में गुनगुनाने लगा।

गोरी सोए सेज़ पर, डारे मुँह पर केस।
चल खुसरू घर आपने, साँझ भई चहुँदेस॥

तेरहवीं सदी दरवाजा खटखटाए बिना उसके कमरे में आ गई।

खुसरू!

माँ हिन्दू, बाप मुसलमान।

हवा का एक झोंका आया। पन्नों की तरह सदियाँ पलटीं। बीसवीं सदी।

17 मई, 84।

तसनीम, तहसीन, मुजतफ़ा।

माँ मुसलमान, बाप हिन्दू।

भिवण्डी, थाणे, कल्याण और बम्बई में दंगे। गैर-सरकारी लोगों का कहना है 1000 आदमी मारे गए। सरकार का कहना है 51। (गिनती में सिर्फ़ 949 लाशों का फ़र्क।) 50,000 आदमी बेघर। जहाँ घर थे, वहाँ खण्डहर! हिन्दू खण्डहर। मुसलिम खण्डहर। हिन्दू आग। मुसलिम आग...।

यही है सात सौ बरस की कमाई...।

"क्या हो रहा है मूसवी साहब," धर्माधिकारी की आवाज़ पर वह चौंका। कुरसी नीचे आ गई। आँखें खुल गईं।

"कितने मारे?" उसने पूछा।

मगर धर्माधिकारी हँसने की जगह रो पड़ा।

"यह सब क्या हो रहा है मूसवी साहब?"

"बलवा हो रहा है भैया।" अब्बास ने कहा, "तन्दूलकर के घरवाले अमरशेख के घरवालों को मार रहे हैं। यार एक बात बताव। मराठी मुसलमानों की तरफ़ शिवसेना का क्या रवैया है। हद है कि 'इलस्ट्रेटेड वीकली' वालों ने भी श्री बाल ठाकरे से यह सवाल नहीं किया।"

"धर्म और आदमी में फ़र्क करना आखिर हमें कब आएगा?" धर्माधिकारी ने पूछा।

"पता नहीं!" अब्बास ने कहा। "मैंने सच पूछो तो..."

उसकी बात अधूरी रह गई क्योंकि ठीक उसी वक़्त ज़र्रीक़लम सैयद अली अहमद जौनपुरी साप्ताहिक 'नई आवाज़' के पहले चार पन्ने ले के आ गए।

अब्बास वास्तव में साप्ताहिक 'नई आवाज़' ही का सम्पादक था, फिर उसने प्रकाशकों को मासिक 'अदब' प्रकाशित करने पर भी तैयार कर लिया। उसका सम्पादक भी वही बना। प्रकाशक प्रसन्न कि उन्हें डेढ़ तनख्वाह में दो सम्पादक मिल गए।

परन्तु अब्बास ने उसी दिन अपने ऑफिस का हुलिया बदल डाला। उस ऑफिस से साहित्य की सुगन्ध आने लगी। हाँ, पत्रकारों को यह बात अच्छी नहीं लगी। उनका ख़्याल था कि सम्पादक के दफ्तर में दुनिया-भर के तनाव को कुरसियों पर बैठा, और खूँटियों पर टँगा दिखाई देना चाहिए।

कैंटीन में लतीफ़े बनने लगे।

एक दिन एक ख़बर नंगे पाँव सड़क पर भागी जा रही थी। हर राहगीर से पूछती–किसी सम्पादक का पता बताव। मुझे अपने ऊपर एक सम्पादकीय लिखवाना है। किसी ने उसे अब्बास का पता बता दिया। वह धड़ से दरवाज़ा खोलकर अब्बास के ऑफिस में आई। उसने ऑफिस को देखा। बोली : 'अब तुम जैसे सम्पादक होने लगे।' यह कहकर वह ख़बर वहीं तड़ से गिरी और मर गई।

जब यह लतीफ़ा अब्बास तक पहुँचा तो उसने बड़ी गम्भीरता से कहा : लतीफ़े को इतना लम्बा नहीं होना चाहिए कि सुननेवाला हँसने का इन्तजार करते-करते थक जाए। साहित्यकार और निरे पत्रकार में यही फ़र्क़ है...

धर्माधिकारी खड़ा हो गया, "मैं चलता हूँ।"

"अमाँ बैठो।" उसने घण्टी बजाई। चपरासी आया–"चाय।"

धर्माधिकारी बैठ गया।

"मैं ज़रा एक नज़र डाल लूँ!"

वह साप्ताहिक 'नई आवाज़' का पहला पन्ना देखने लगा। 'नई आवाज़' का तरीका यह था कि पहले पन्ने पर पिछले हफ्ते की खास-खास ख़बरें छापता था और दूसरे पन्ने पर पिछले सप्ताह के हवाले से सम्पादकीय होता था। बाकी पन्नों पर आधी से ज़्यादा जगह विज्ञापनों के लिए थी। 'नामर्दी के शर्तिया इलाज' के घुटने से घुटना मिलाए हुए 'डिस्कवरी आफ़ इण्डिया' के नए ऐडीशन का इश्तिहार 'अस्ली' यूसुफ़ आज़ाद की कव्वाली के साथ ताली बजाता हुआ 'बिना आपरेशन के बवासीर और भगन्दर का इलाज।' परन्तु पत्र-पत्रिकाओं की साँस की नली तो यह विज्ञापन ही हैं।

फिर दो पन्ने साहित्य के। दो पन्ने फ़िल्म और खेल-कूद के। दो रंगीन पन्ने बच्चों के। दो पन्ने महिलाओं के वग़ैरा-वग़ैरा।

बच्चों के पन्ने में एक ज़बरदस्त परिवर्तन हुआ था। 'गब्बरसिंह'

की कार्टून स्ट्रिप धीरे-धीरे मर गई थी और उसकी जगह अमिताभ की कॉमिक स्ट्रिप ने ले ली थी।

मगर अब्बास कभी पूरा साप्ताहिक नहीं देखता था। वह केवल पहले दो पन्ने देखा करता था। बाकी साप्ताहिक सहायक सम्पादक गोपीनाथ बर्क़ औरंगाबादकर के हाथ में था।

पहले पन्ने पर पंजाब और बम्बई के दंगों के सिवा कुछ था नहीं!

"यार अबके अपने हफ़्तावार का हिन्दुस्तान बहुत छोटा लग रहा है। पहला वरक़ पंजाब और बम्बई में सिमटकर रह गया है। बचपन में एक फ़िल्म देखी थी कि हीरो के हाथ एक जादुई टोपी लग गई है। वह पहनके गायब हो जाता है। लगता है, हिन्दुस्तान के हाथ वही टोपी आ गई है। गायब हुआ जा रहा है।" फिर उसने ज़रा झल्लाकर ज़र्रीक़लम से पूछा : "यह वरक़ मेरे पास क्यों लाए आप?"

"बर्क़ साहब तशरीफ़ नहीं लाए।"

"क्यों? फ़ोन करवाया?"

"खराब है शायद।"

वह मुसकुरा दिया और बोला–"मीर साहब, अब आप लोग जिद करके बर्क़ साहब की शादी करवा दीजिए। इस उम्र में उनका कुँवारा रहना ठीक नहीं। यह वरक़ कमालपाशा साहब को दे दीजिए।"

ज़र्रीक़लम चले गए।

चाय आ गई।

"यह तुम्हारे मुख्यमन्त्री जुडिशल एनक्वायरी पर क्यों नहीं तैयार हो रहे हैं?"

"उसके कुर्ते पर भी खून के धब्बे हैं भाई, इसलिए।"

धर्माधिकारी शायर होता तो 'कुरते पर खून के धब्बे की जगह,' 'लहू पुकारेगा आस्तीं का' कहता। अब्बास ने सोचा।

"और आप यह बात भी न भूलिए कि अन्तुले और बाल ठाकरे में गहरी दोस्ती है और अभी-अभी 'ताई' ने अन्तुले के खिलाफ़ इतना ज़बरदस्त बयान दिया है।" धीरे से धर्माधिकारी की जार्ज फर्नांडिसी रग फड़की।

"धीरे-धीरे तुम्हारी उर्दू बहुत इम्प्रूव होती जा रही है।" धर्माधिकारी को अब्बास ने देखा। "देखो धर्माधिकारी," उसने कहा, "सच पूछो तो मुझे बाल ठाकरे में एक बात नज़र आती है। वह आदमी अपने दिल

की बात तो कहता है। बाकी कितने अपने दिल की बात कहते हैं। मगर तुम एक बात समझ लो कि अगर हिन्दू-सिख या हिन्दू-ईसाई या हिन्दू-पारसी बलवे हों तो एकदम फुस हो जाएँगे। अब भिवण्डी में जो हिन्दू-सिख बलवा हुआ होता तो क्या मज़ा आता। बलवा तो हिन्दू-मुसलमान ही करवाया जाता है क्योंकि सिर्फ़ यही एक बलवा तीन घण्टे के आगे चल सकता है और नम्बर दो यह कि मुसलमान चार-चार शादियाँ करता है तो बलवों के ज़रिए फैमिली प्लानिंग हो जाती है...” वह खिलखिलाकर हँस पड़ा कि फोन की घण्टी बजी। उसने रिसीवर उठाया–“अब्बास मूसवी।”

ख़बर सुनकर उसका चेहरा सफ़ेद पड़ गया।

“अभी आता हूँ,” उसने रिसीवर रख दिया।

“क्या हुआ!” धर्माधिकारी ने पूछा।

“यार बर्क़ साहब को...तुम भी आव न यार ज़रा।”

बर्क़ साहब बुरी तरह घायल थे। बहुत खून बह जाने के कारण उनका गोरा रंग पीला पड़ गया था। आँखों में दर्द कम था, हैरानी ज़्यादा थी।

“अरे भई बर्क़ साहब आपको किसने चाकू मार दिया,” अब्बास ने उनका वह हाथ, हाथ में लेते हुए कहा, जिसकी एक रग द्वारा उनके बदन में खून चढ़ाया जा रहा था। “यह मराठा आपके घायल होने की ख़बर सुनते ही भागा चला आया।”

बर्क़ साहब धर्माधिकारी की तरफ़ देखके मुसकराए।

“मगर एक फायदा तो हुआ बर्क़ साहब कि बासठ बरस जीने के बाद आज आपको पता तो चल गया कि आप हिन्दू हैं। और यही हाल रहा तो किसी दिन मुझे भी पता चल ही जाएगा कि मैं मुसलमान हूँ।”

उसे लगा कि उसकी आवाज़ की कड़वाहट से अस्पताल वार्ड अट गया है। उसे साँस लेने में परेशानी होने लगी। वह वार्ड से निकल आया।

दो मंज़िल नीचे सड़क चल रही थी। बसें, टैक्सियाँ, ऑटोरिक्शे... पोस्ट ऑफिस के पास एक आदमी छतरी तले बैठा लोगों की तरफ़ से ख़ैरियत के ख़त लिख रहा था। एक मछेरन लाँगवाली साड़ी बाँधे, मछली की टोकरी उठाए चली जा रही थी। बरगद के पेड़ के नीचे कुछ

लड़के बैठ 'माँग पत्ता' खेल रहे थे और एक कांस्टेबिल खड़ा उनके खेल का तमाशा देख रहा था और बीड़ी पी रहा था।

क्या इस शहर में दंगे हो रहे हैं? यह कैसा शहर है जो इन दंगों से बेपरवा मज़े में अपनी सड़कों पर घूम रहा है? ब्लैक में फ़िल्मों के टिकट बेच और ख़रीद रहा है।

यकायक नीचे से बल्ले-बल्ले की आवाज़ आई। पान की दुकान के सामने एक अधेड़ सिख एक अधेड़ उम्र के हिन्दू के सामने भाँगड़ा नाच रहा था। हिन्दू हँस रहा था। फिर दोनों गले मिल गए। यह जगह पंजाब से कितनी दूर है?

अरे यारो नाचना-गाना बन्द करो। यहाँ आव। यहाँ इमरजेंसी वार्ड में श्री गोपीनाथ बर्क़ औरंगाबादकर घायल पड़े हुए हैं...

यह गोपीनाथ बर्क़ औरंगाबादकर कोई बड़े आदमी नहीं भी हैं और बड़े आदमी हैं भी। साप्ताहिक 'नई आवाज़' के सहायक सम्पादक सेकुलरइज़्म के सेनानी, धार्मिक दंगों के शिकार।

"मूसवी साहब!" धर्माधिकारी की आवाज़ ने उसे चौंका दिया। वह मुड़ा। धर्माधिकारी की सूरत देखते ही वह समझ गया कि वह क्या ख़बर लाया है।

बर्क़ साहब मर गए।

हिन्दू चला गया, न मुसलमाँ चला गया
ईसा की जुस्तुजू में इक इंसाँ चला गया।

उसकी आँखों में आँसू आ गए।

बर्क़ साहब उसके रिश्तेदार नहीं थे। दोस्त भी नहीं थे। वह महाराष्ट्रियन थे और अब्बास उत्तरप्रदेशी। वह हिन्दू थे और अब्बास मुसलमान।

बर्क़ साहब से उसकी मुलाकात बम्बई ही में हुई थी। क्या खुशबूदार व्यक्तित्व था। उर्दू-फ़ारसी के शास्त्री। मराठी भक्ति साहित्य के आचार्य। माँ का नाम हीराबाई। बाप का नाम श्याम औरंगाबादकर। बड़े कर्रे वैष्णव!

यह कैसा अन्धेर हुआ, क्या क़हर हुआ
अपने शहर में आज ग़रीबे शहर हुआ।

किसी ऐसे आदमी का हिन्दू-मुसलमान दंगों में मारा जाना जीवन का बड़ा अपमान है।

उनकी आँखें वैसे ही खुली हुई थीं और उनमें अब भी वही हैरानी थी।

"इनकी लाश का वारिस कौन होगा?" उसने धर्माधिकारी से पूछा, "इनके दोनों भाई कनैडियन नागरिक हैं। इनकी बहन चेकोस्लोवाकिया में हैं। अपने चैक पति के साथ। एक चचा थे। वह पिछले बरस अपने बेटे के पास आस्ट्रेलिया चले गए। दो ममेरे भाई दुबई में हैं। सब इन्हें अपने पास बुलाते थे पर यह अपनी माशूका को छोड़कर जाने पर तैयार न थे।"

"माशूका!" धर्माधिकारी हैरान हुआ।

अब्बास ने बड़ी उदासी से सर हिलाया, "हाँ, माशूका बम्बई!"

...सन्नाटा।

नीचे सड़क उसी तरह चल रही थी। अस्पताल में डाक्टर और नर्सें उसी तरह मरीज़ों से बेतअल्लुक़ थीं और हर मरीज़ अपने-अपने दर्द के साथ अकेला था।

"पोस्टमार्टम होगा।" धर्माधिकारी ने कहा।

अब्बास की समझ में न आया कि पोस्टमार्टम क्यों होगा!

"उनकी मौत की वजह तो मालूम है भई!"

"फिर भी," धर्माधिकारी ने कहा, "क़ायदा है।"

"तो डाक्टर से कहो न यार कि बर्क़ साहब का दिल चीरकर दूर तक देखे। देखना चाहिए ना कि उसमें से क्या-क्या निकलता है। शिकवे-शिकायतें, हिकारतें, प्यार, वफ़ा, बेवफ़ाई,...हज़ारों ख्वाहिशें ऐसी कि हर ख्वाहिश पे दम निकले..."

जन्म : 17 मई सन् '24; मृत्यु : 20 मई सन् '84।

साठ बरस तीन दिन की जिन्दगी और बयालीस बरस तीन दिन की तनहाई।

बर्क़ साहब दस बरस की उम्र में औरंगाबाद से भागकर बम्बई आए थे, फ़िल्म के शौक में। बस वह दिन और आज का दिन, वह लौटकर औरंगाबाद नहीं गए।

जेब में नई-नई जवानी लिये वह बम्बई आए और बम्बई को देखते ही उस पर आशिक हो गए। यह बम्बई टाकीज़, मिनरवा, रंजीत मूवीटोन का युग था। उन्होंने फ़रेबी दुनिया उर्फ चितचोर में एक छोटा-सा रोल भी किया...।

"उस बम्बई की बात ही और थी मूसवी साहब! मेरी उस बम्बई को तो यह नई बम्बई खा गई। लोग घरों में रहते थे। यह झोपड़-पट्टियाँ तो थीं ही नहीं। 'फ़रेबी दुनिया' के डायलॉग मुंशी बेताब लखनवी लिख रहे थे, बिचारे ज़्यादा पढ़े-लिखे नहीं थे। एक डायलॉग पर मैंने कहा : मुंशीजी! इसे यूँ कर लें। मुंशीजी ने कहा : हज़रत आप बड़े बुक़रात हैं तो खुदी लिख लीजिए–प्रोड्यूसर शापूरजी ने यह सुन लिया। बोले–क्या बात है ? मुंशीजी ने कहा–साहबज़ादे मेरे लिखे में मीन-मेख कर रहे हैं। कै आमदी, कै परी सुदी। बात आई गई हुई। शाम को शापूर सेठ ने अपने ऑफिस में बुलवाया। कम्पनी की हीरोइन कान्ता आपटे सामने बैठी हुई थीं। डाइरेक्टर हृदयनाथ पालेकर भी एक कुरसी पर उकड़ूँ बैठे पासिंग शो सिगरेट पी रहे थे। उन्होंने मुझे घूरकर देखा। मैं समझा कि नौकरी गई और तब शापूर सेठ ने कहा कि यह वही लड़का है तो मेरा दम निकल गया। कान्ता आपटे खिल-खिलाके हँस पड़ीं और मराठी में उर्दू बोलीं कि यह क्या डायलॉग लिखेगा। अब मेरे कान खड़े हुए क्योंकि क़ान्ता आपटे शापूर सेठ की रखैल भी थीं। शापूर सेठ बोले कि मुंशी बेताब का डायलॉग लखनऊ की बास मारता है और हमारा सब्जेक्ट कलकत्ते का है...। फिर मुझसे बोले–तुम्हारा नाम क्या है ? गोपीनाथ। डाइरेक्टर हृदयनाथ ने कहा–नहीं चलेगा। कोई तख़ल्लुस लगाव! मैंने कहा, मैं शायरी नहीं करता। वह बोले–बर्क़ अच्छा रहेगा। गोपीनाथ बर्क़। मुंशी गोपीनाथ बर्क़। और भैया मैं जो साइड रोल कर रहा था वह किसी और को दे दिया गया और मैं मुंशी बर्क़ बनके 'फ़रेबी दुनिया' का डॉयलाग-राइटर बन गया। मुंशी बेताब अलग कर दिए गए। मुंशीजी चले गए और तब मुझे पता चला कि सात कँवारी बेटियों के बाप हैं। मैं शाम को सीधा उनके घर गया। वह दादर की यतीमख़ाना बिल्डिंग में रहा करते थे, उनके कमरे में एक छोटा-सा लखनऊ बसा हुआ था। मैं पहुँचा तो वह तख़्त पर लेटे अनीस का मरसिया गुनगुना रहे थे। आज शब्बीर पे क्या आलमे तनहाई है...मैंने आदाब किया। उठ बैठे। बड़े तपाक, बड़ी मुहब्बत से मिले। चाय पिलाई। मैं शर्म के मारे मरा जा रहा हूँ कि मेरी वज़ह से यह आदमी बेकार हुआ और मुझे चने की दाल का हलवा खिला रहा है। मूँग की पींडी खिला रहा है। और एक बार भी यह बात न निकली कि तेरी वज़ह से बेरोज़गार हुआ। ये सात कँवारी बेटियाँ लेकर कहाँ

जाऊँ ? जैसे-तैसे करके थोड़ी देर बैठा। रात-भर नींद न आई। सवेरे ठीक साढ़े नौ बजे शापूर सेठ के ऑफिस गया। इस्तीफा दे दिया–सेठजी हैरान! बहुत समझाया कि साला क्या करता है–फिर बहुत डाँटा। घण्टी बजाई। चपरासी आया। बोले–अभी जा और मुंशी बेताब को बुला ला। और यूँ मेरा फ़िल्मी कैरियर शुरू होने से पहले खत्म हो गया ...पर बर्क़ का दुमछल्ला लगा रह गया। शायरी कभी की नहीं। तख़ल्लुस का झण्डा लहरा रहा हूँ...।" और फिर ताज़ा खिले हुए चमेली के फूल-जैसी उनकी वह नर्म, उजली और भीनी हँसी, "आपको यह बातें यूँ बता रहा हूँ कि मेरे मरने के बाद एक इदारिया (सम्पादकीय) तो जरूर लिखेंगे आप।"

...और अब्बास ने मुंशी गोपीनाथ बर्क़ औरंगाबादकर की वह खुली हुई हैरान आँखें बन्द कर दीं, जो उससे पूछ रही थीं कि हीराबाई और अलाउद्दीन ख़ाँ का बेटा यूँ क्यों मर रहा है।

अब्बास को लगा कि ज़िन्दगी-भर दूसरों के लिए जीनेवाले की मौत को यूँ रायगाँ तो नहीं होना चाहिए।

वह वैष्णव थे क्योंकि उनकी माँ अलाउद्दीन ख़ाँ की पत्नी बनने के बाद भी वैष्णव रहीं। वह हनफ़ी मुसलमान भी हो सकते थे कि अलाउद्दीन ख़ाँ हनफ़ी थे, उनसे न कभी हीराबाई ने वैष्णव होने को कहा, न कभी अलाउद्दीन ख़ाँ ने हनफ़ी होने को। वह तो अपनी माँ के भजनों की उँगली पकड़े-पकड़े वैष्णव मार्ग की ओर चले गए थे। मेरे तो गिरधर गोपाल, दूसरो न कोय!

जन्माष्टमी पर वह बान्द्रा (ईस्ट) के अपने क्वार्टर में हरी, गेरुई झण्डियाँ लगाते।

यह क्वार्टर हाउसिंग बोर्ड ने क्लास फोर सरकारी कर्मचारियों के लिए बनवाया है जिसे कर्मचारी किराए पर उठाते रहते हैं। वह एक भंगी के किराएदार थे। बूढ़ा भंगी अपनी भंगन के साथ वहीं रहता था। रात को दारू पीकर पत्नी से लड़ता था। पत्नी भी खूब-खूब गालियाँ देती थी। पर यही पति-पत्नी उनकी देखभाल भी करते थे। पत्नी खाना पकाती, झाड़ू-बुहारू करती। उनकी किताबों के ख़ज़ाने पर साँप की तरह बैठी रहती। एक दिन उसका पति दारू के लिए उनकी 'लुगाते-किशोरी' तौल के भाव ढाई रुपए में बेच आया था। बर्क़ साहब तभी से उसे दारू पीने पर सवेरे की चाय के साथ डाँटा करते थे। पर

जन्माष्टमी पर वह खुद उसे दारू पिलाते और मौलाना हसरत मोहानी की ग़ज़लें सुनाते और उन ग़ज़लों का अर्थ समझाते...वैसे तो वह मीराबाई के आशिक़ थे पर जन्माष्टमी के दिन वह सिर्फ़ हसरत मोहानी की ग़ज़लें गुनगुनाया करते थे।

एक दिन सैयदा से बोले, "अरे बेगम मूसवी..."

सैयदा ने हमेशा की तरह उनकी बात काटते हुए कहा, "भई बर्क़ साहब आप मुझे सैयदा कहा कीजिए..."

...सैयदा और बर्क़ साहब में हमेशा यूँ ही चोंचें लड़ा करती थीं।

"बात तो सुनिए!" वह मुसकुराकर बोले, "मौलाना हसरत अन्दर से हिन्दू हो चुके थे।"

"क्या कह रहे हैं आप!" मिसेज़ शकीला रज़ा चमकीं। यह शकीला रज़ा पड़ोसिन थीं। अंजुमने-इस्लाम-गर्ल्स-हाईस्कूल की लाइब्रेरियन।

"तो वह हर जन्माष्टमी पर वृन्दावन क्यों जाते थे?" बर्क़ साहब ने सवाल किया।

नया-नया कलर टी.वी. चला था। माज़िद ने टी.वी. चला दिया। 'छाया गीत' के प्रोग्राम का वक़्त था...

वह घर पहुँचा तो टेप-रिकार्डर पर साबिरी ब्रदर्स की क़व्वाली चल रही थी।

मैं का जानूँ राम तोरा गोरखधन्धा...

टी.वी. पर कोई सड़ा हुआ प्रोग्राम चल रहा था इसलिए उसकी आवाज़ बन्द कर दी गई थी।

सैयदा ने उसे देखते ही कहा : "हें हें, तुमने ज़रा देर कर दी। अभी-अभी टी.वी. पर बर्क़ साहब का ड्रामा आ रहा था। हँसते-हँसते मेरे तो पेट में बल पड़ गए।"

"वह आज मार डाले गए।" उसने कहा। सैयदा का मुँह खुले-का-खुला रह गया।–"राम मोहन ज़रा चाय लाव।" राम मोहन के बच्चे के रोने की आवाज़ आने लगी। उसने सैयदा की तरफ़ देखा।

"मैं आज जाकर उसके बीवी-बच्चों को ले आई।" सैयदा ने कहा, और फिर वह रोने लगी। अब्बास जानता था कि वह बर्क़ साहब पर

रो रही है इसीलिए उसने उसे रोने दिया क्योंकि बर्क़ साहब पर रोनेवाला कोई और था ही नहीं।

वह वहीं कालीन पर लेट गया। चुपचाप छत की तरफ़ देखने लगा। और फिर उसने अपने ब्रीफ़केस से काग़ज़ और कलम निकाला और सम्पादकीय लिखने बैठ गया।

या अल्लाह, यह कैसे रिश्ते हैं बम्बई में। हिन्दू-मुस्लिम फ़साद हो रहा है और स्वर्गीय सैयद अमीर अली की बड़ी बेटी सैयदा मूसवी हिन्दुओं को ग़ारत होने की बद्दुआ भी दे रही है और मुंशी गोपीनाथ बर्क़ औरंगाबादकर की मौत पर रो भी रही है...

और टेप-रिकार्डर पर पाकिस्तान के गुलाम फ़रीद साबिरी की क़व्वाली चल रही थी।

मैं का जानूँ राम तोरा गोरखधन्धा...

आमची मुम्बई

दिलीप कुमार, राजबब्बर, सुनील दत्त, ख्वाज़ा अहमद अब्बास, तन्दूलकर...परछाइयाँ।

यह सब टी.वी. पर आए। किसी ने मुश्किल भाषा में सन्देसा दिया। किसी ने सरल भाषा में। पर किसी के पास कोई सन्देसा था ही नहीं। सब अपनी-अपनी भाषा में अल्लामा इक़बाल का वही घिसा-पिटा शे'र सुना रहे थे–

मज़हब नहीं सिखाता आपस में बैर रखना
हिन्दी हैं हम, वतन है हिन्दूस्तां हमारा

अरे भाई इन लीखों को छोड़ो। यह न बताव कि आपस में बैर रखना कौन नहीं सिखाता। यह बताव कि आपस में बैर रखना कौन सिखा रहा है। किसकी बात मानें? गुरु नानक की या सन्त जरनैल सिंह भिण्डरावाले की? मुहम्मद की या बनातवाला की! श्रीकृष्ण की या देवरस की? तुकाराम की या बाल ठाकरे की ?

दिलीप कुमार राज्यपाल से मिले। वह दंगा पीड़ितों की मदद के लिए फ़िल्म स्टारों का एक जुलूस निकालना चाहते हैं।

"यार मूसवी भाई," धर्माधिकारी ने कहा, "बलवा-अलवा हो जाए तो कुछ लोग कितने बिज़ी हो जाते हैं ना। दिलीप कुमार, जी.पी. सिप्पी..."

"मैंने तो सुना है," अब्बास ने कहा, "कि जी. पी. सिप्पी ने प्रधानमन्त्री को एक तार तक दे दिया है कि सारी फ़िल्म इण्डस्ट्री उनके पीछे है।"

"उस तार का पैसा प्रोड्यूसर्स काउंसिल ने दिया होगा। लगता है लोग दुर्घटनाओं के इन्तज़ार में रहते हैं कि वह घटे और यह लीडर बन जाएँ। पता है आज फ़िल्म लेखक संघ की एक मीटिंग में जुलूस की बात निकली। मैंने कहा, जुलूस क्यों? पाँच लाख से ऊपर लेनेवाला हर

आदमी दो-दो चार-चार लाख ब्लैक का निकाले, रिलीफ सेण्टर खोले जाएँ। उन सेण्टरों पर दिलीप कुमार, अमिताभ बच्चन, सायरा बानो, रेखा गणेशन, शबाना आज़मी, बी.आर. चोपड़ा, जावेद अख़्तर, आनन्द बख्शी, लक्ष्मीकान्त, प्यारेलाल आदि ड्यूटी दें। अरे भई जिनके घर जले, जो घायल हुए, जो मारे गए–वह ब्लैक में टिकट लेकर फ़िल्में देखनेवाले ही तो थे..."

पता नहीं वह और क्या-क्या कहता पर ज़र्रीक़लम सैयद अली अहमद जौनपुरी के आ जाने से उसकी तक़रीर आधी रह गई।

"क्या बात है मीर साहब?" अब्बास ने पूछा।

"अभी-अभी घर से फ़ोन करवाया कि हमारे इलाके में पुलिस के आ जाने से घबराहट फैल गई है। अब पुलिस से तो हम निहत्थे नहीं लड़ सकते ना मूसवी साहब?" यह सवाल उन्होंने धर्माधिकारी की तरफ़ देखके किया।

"यार मूसवी साहब, पुलिस का ऐटिट्यूड तो सचमुच बड़ा शेमफुल है। इन बलवों में अभी तक पुलिस की गोली से सिर्फ़ मुसलमान मरे हैं।" धर्माधिकारी ने कहा।

"अल्ला आपको खुश रक्खे धर्माधिकारी साहब, आपने मेरे मुँह की बात छीन ली।"

"जी नहीं," धर्माधिकारी ने बड़ी कड़वाहट से कहा, "यह बात मैं घर से अपने मुँह में रखकर लाया था।"

अब्बास हँस पड़ा।

"नहीं, बाई गॉड मूसवी साहब!" धर्माधिकारी ने झल्लाकर कहा, "अगर पुलिस मुसलमानों को मार रही है तो यह बात मेरे सामने क्यों नहीं कही जा सकती..."

"तुम मराठे इतने टची क्यों होते हो?" अब्बास ने पूछा, "अरे भैया, यू.पी. में भी पुलिस मुसलमानों को ही मारती है। यहाँ पुलिस में मराठे ज़्यादा हैं। जो कर्णाटक महाराष्ट्र की सीमा पर, कर्णाटक के ब्राह्मणों और मराठों में लड़ाई होगी तो वह कर्णाटक के ब्राह्मणों को भी मारेगी। उत्तर प्रदेश की पी.ए.सी. में कान्यकुब्ज ब्राह्मण ज़्यादा हैं तो वह ठाकुरों, हरिजनों और मुसलमानों को मारती है। पुलिस में भी हमीं-तुमीं होते हैं ना। हम अपने मुहल्लों, अपने गाँवों, अपने क़स्बों के सारे डर, वहाँ की सारी नफ़रतें, सारे तनाव लेकर पुलिस क्वार्टर्स जाते हैं। पुलिस में

मुसलमान ज़्यादा होंगे तो पुलिस हिन्दुओं को मारेगी...”

“क्या आप पुलिस ब्रुटेलिटी को और उसकी साम्प्रदायिकता को डिफेंड कर रहे हैं?”

“वह ‘अर्धसत्य’ में किया गया था,” अब्बास ने कहा, “और तुमने उस फ़िल्म की तारीफ़ में तीन पेज का रिव्यु लिखा। मैं इस सरकार के ख़िलाफ़ इसलिए नहीं हूँ कि इसकी पुलिस हिन्दू-मुसलिम झगड़ों में हिन्दू और ब्राह्मण, ठाकुर और हरिजन झगड़ों में ब्राह्मण या ठाकुर हो जाती है। मैं इस सरकार के ख़िलाफ़ इसलिए हूँ कि यह साम्प्रदायिकता को हवा देती है। उससे फायदा उठाती है, प्रोनोट की तरह चुनावों में उसे भुनाती है...।”

ज़रींक़लम इस दोतरफ़ा फायरिंग में फँसे कभी इसका और कभी उसका मुँह देख रहे थे।

“हिन्दू-मुसलमान दंगा मेरी समझ में आता है,” अब्बास ने कहा, “लेकिन मराठा-मुसलमान झ़गड़ा मेरी समझ में नहीं आता। अगर यह बम्बई मराठों की है तो जितनी हिन्दू मराठों की है, उतनी ही मुसलमान मराठों की है, उतनी ही ईसाई मराठों की है...?”

“जनाब, मैं यह अर्ज़ करने आया था कि...” ज़रींक़लम हकलाए।

“अरे हाँ,” उसने कहा, “फरमाइए!”

“आज अगर ज़रा पहले छुट्टी मिल जाती तो मैं बाल-बच्चों को किसी महफ़ूज़ जगह पर ले जाता।”

“महफूज जगह है कहाँ ज़रींक़लम साहब,” झल्लाहट में धर्माधिकारी ‘फ’ और ‘ज’ की बिन्दियाँ निगल गया, “सारे हिन्दुस्तान में मुसलमान माईनॉरिटी में हैं।” वह मूसवी की तरफ़ मुड़ा, “ज़रा माईनॉरिटी को उर्दू में ट्रांसलेट कर दीजिए ?”

“अक़लियत!” अब्बास ने कहा।

“हाँ। अक़लियत!” धर्माधिकारी ने कहा, “मुसलमान यहाँ अक़लियत में हैं। अगर आपके बच्चे बांद्रा ईस्ट में महफ़ूज़ नहीं हैं तो फिर सारे हिन्दुस्तान में महफ़ूज़ नहीं हैं। बांद्रा ईस्ट से निकलना हो तो फिर पाकिस्तान जाइए। पर आप तो शीआ हैं! आप तो पाकिस्तान में भी महफ़ूज़ नहीं हैं। वहाँ सुन्नी मार डालेंगे।” वह फिर मूसवी की तरफ़ मुड़ा, “साला यह देश अजीब हो रहा है। अमृतसर में हिन्दू महफ़ूज़ नहीं। जगाधरी में सिख महफ़ूज़ नहीं और बांद्रा ईस्ट में यह ज़रींक़लम

मीर अली अहमद जौनपुरी महफ़ूज़ नहीं।" उसकी सारी 'बिन्दियाँ' लौट आईं, "इस देश का हर आदमी इस देश में कहीं-न-कहीं ख़तरे में है।"

"आप, मेरे ख़्याल में, अभी चले जाइए।" अब्बास ने कहा।

"हाँ जाइए।" धर्माधिकारी ने किसी लड़ाका औरत की तरह कोसने के अन्दाज़ में कहा, "और जाकर महफ़ूज़ हो जाइए।"

ज़र्रीक़लम वहाँ से चुपचाप निकल लिए। वह धर्माधिकारी की देशभक्त झल्लाहट का जी खुश करने के लिए अपने बाल-बच्चों की जान ख़तरे में नहीं डाल सकते थे।

ज़र्रीक़लम मीर अली अहमद जौनपुरी के पुरखे वास्तव में मराठे थे। मातृभाषा : मराठी। धर्म : कट्टर हिन्दू। फ़ारसी के रसिया। तलवार के धनी और पेशे के सिपाही। जिस राजा की सेना में नौकरी की, उसी की तरफ़ से लड़ने लगे। कुछ लोग छत्रपति शिवाजी के साथ गोलकुण्डे के कुतुबशाहियों और दिल्ली के मुग़लों के ख़िलाफ लड़े, मरे, हारे और जीते भी थे।

शिवाजी महाराज जब गिरफ़्तार करके आगरा ले जाए गए तो तुकाराम मिराजकर भी आगरे पहुँचे। वह स्काउटिंग के लिए भेजे गए थे क्योंकि वह मुग़लों की दरबारी भाषा, फ़ारसी अच्छी तरह जानते थे।

छत्रपति शिवाजी तो आगरे से निकल गए परन्तु तुकाराम मिराजकर आगरे में फँस गए। उन्हें एक जन्नत बीबी से प्यार हो गया।

यह जन्नत बीबी उस सराय की भटियारी थी जिसमें तुकाराम, औलाद अली खाँ बनकर ठहरे हुए थे।

इस जन्नत भटियारी का हुस्न अच्छे चाकू की तरह तेज़ और नुकीला था। उनके दिल पर लगा और उतरता चला गया। मुझे इसका पता उस फ़ारसी मसनवी से चला जो तुकाराम ने जन्नत भटियारी पर लिखी थी।

वह मसनवी तो अब कहीं मिलती नहीं मगर उसके उर्दू अनुवाद की एक फटी-पुरानी कापी राजा साहब मित्तूपुर, जिला फ़ैज़ाबाद के पुस्तकालय में थी। मित्तूपुर के राजा साहबान के हाथ यह मसनवी कहाँ लगी, इसका पता नहीं चलता।

अनुवादक का नाम मुहम्मद अली 'जौहर' खाँ लखनवी लिखा है। शुरू में अल्लाह रसूल की तारीफ़ है। फिर कवि की जीवनी और खानदान का हल्का-सा इतिहास। और उसमें यह बात बड़े गुरूर से

लिखी गई है कि अनुवादक उस तुकाराम की औलाद है जिसकी तलवार के पानी का मज़ा दिल्ली की शाही फ़ौज को बरसों याद रहा।

आबे शमशीर जिसका था गहरा
उसमें डूबा गुरूर मुग़लों का॥

कवि असली फ़ारसी मसनवी का नाम 'मसनवी फ़स्ले इश्क़' बताता है। और इसीलिए उसने अपने अनुवाद को 'मसनवी फ़स्ले इश्क़ उर्फ किस्सए-इश्के- तुकारामो-जन्नत भटिहारी' कहा।

तुकाराम, जो औरंगज़ेब के आगरे में औलाद अली खाँ के नाम से जाने गए, अपनी मसनवी 'फ़स्ले इश्क़' को यूँ आरम्भ करते हैं।

ऐ क़लम बाँध आज ऐसी हवा
इश्क़े ज़न्नत में ज़न्नती हो जा
शहे 'वश्शम्स' वह क़मर तलअत,
पूछिए हमसे कौन थी ज़न्नत
जादु - ए - हुस्न, रहमते वारी
आगरे में थी एक भटिहारी

इस ज़न्नत भटियारिन को भी यह नीली आँखोंवाला पठान पसन्द आया। वह उसे देखकर मुसकुराने लगी। उसके लिए सिंगार करने लगी और यह बात तफ़ज्जुल भटियारे ने देख ली।

उसने एक रात तुकाराम के सीने पर ख़ंजर रख दिया कि या मेरी बेटी से शादी कर या मरने को तैयार हो जा।

मसनवी 'दास्ताने-इश्क़-तुकारामो-ज़न्नत भटिहारी' में इसका जिक्र यूँ आया है :

उसने जब बात ऐसी फ़रमाई,
मेरी माँगी मुराद बर आई...

यह मुहम्मद अली जौहर कोई अच्छे शायर तो नहीं थे पर लखनऊ के अच्छे नैचाबन्दों और सोज़ख्वानों में ज़रूर गिने जाते थे, चुनाँचे मुहर्रम में उनकी माँग बढ़ जाया करती थी और एक साल तो उन्हें छतर मंज़िल की एक ऐसी मजलिस में भी मर्सिया पढ़ने का मौका मिला जिसमें खुद जाने-आलम वाजिद अली शाह शरीक थे।

जौहर साहब ने राग झिंझोंटी में सोज़ पढ़ी और जाने आलम भी बहुत रोए...।

कहने का मतलब यह है कि मसनवी के अनुवाद में उन्होंने कोई

कमाल नहीं दिखाया। मगर इस सिलसिले में हम उनसे कोई शिकायत भी नहीं कर सकते क्योंकि मसनवी और नैचाबन्दी में बड़ा फ़र्क़ होता है और वह शायर नहीं थे, नैचाबन्द ही थे। परन्तु ज़र्रीक़लम के ख़ानदान के इतिहास के लिए 'मसनवी इश्क़े-तुकारामो-ज़न्नत भटिहारी' के महत्त्व से इंकार नहीं किया जा सकता। तो बात यूँ चली कि :

उसने जब बात ऐसी फरमाई।
मेरी माँगी मुराद बर आई॥

एक थे मौलवी अली शैदा जिन्होंने हम दोनों का निकाह पढ़ा... आदि-आदि। परन्तु मिलन की रात के बयान के अनुवाद में जौहर साहब ने ज़रूर शायरी का कमाल दिखाया। शायद इसका कारण यह हो कि यह बयान बहुत खुला हुआ है और उस युग के लखनऊ के मिज़ाज से मेल खाता है :

हाय उस रात क्या मज़ा आया।
हाथ पकड़ा पलँग पर लाया॥
कहने-सुनने से पहले मान गई।
फिर ये चिल्ला के बोली जान गई॥

इन दोनों शे'रों के आख़िरी तीन मिसरे न जाने किस तरह नवाब मिर्ज़ा शौक की मसनवी 'बहारे इश्क़' में पहुँच गए हैं और उन्हीं के मान लिए गए हैं।

लेकिन यहीं से यह प्रेम कथा एक अजीब मोड़ लेती है।

यह दोनों रात-भर एक-दूसरे में गुम रहे। पर सवेरे से ज़रा पहले ज़न्नत ने देख लिया कि वह मुसलमान नहीं है।

पहले बिस्तर पे एक तरफ़ हो ली।
थामकर मेरा कुफ्र फिर बोली॥
कैसा इसलाम तेरा आख़िर है।
यह क़िलीदे वफ़ा तो काफ़िर है॥

अब तो तुकाराम को सच बोलना ही पड़ा और सच सुनकर वह नेकवक़्त सन्नाटे में आ गई। बोली कि जब लोगों को यह पता चलेगा कि तू हिन्दू है तो मेरी नाक कट जाएगी। फिर दोनों गले मिलकर दो दिन और दो रात रोते रहे।

तुकाराम की समस्या यह थी कि उन्हें ज़न्नत भटियारी की नाक ही तो सबसे ज्यादा पसन्द थी। वही कट गई तो जीने का मज़ा क्या

रह जाएगा।

न वह एक मुसलमान पत्नी को लेकर अपने गाँव जा सकते थे और न ज़न्नत आगरे को यह बता सकती थी कि उसका पति एक मराठा हिन्दू है।

परन्तु यह बात उन दोनों में से किसी के ध्यान में न आई कि ज़न्नत हिन्दू या तुकाराम मुसलमान हो जाए। खैर ज़न्नत के हिन्दू होने का सवाल तो यूँ भी नहीं उठता था कि तब तक आर्य समाज के आन्दोलन की तरफ़ किसी का ध्यान भी नहीं गया था।

तो दोनों ने आपस में यह ठहराई कि तुकाराम हिन्दू ही रहेंगे परन्तु औलाद अली खाँ ही कहलाएँगे और यह कि अब से पलँग पर उन दोनों के बीच तुकाराम की तलवार रहा करेगी। वह दोनों ज़िन्दगी-भर अपने इस फैसले पर कायम रहे। इसीलिए उनके यहाँ सिर्फ़ एक बेटा पैदा हो सका, जिसका नाम क़रीमुद्दीन खाँ रक्खा गया और जो मेराज पुकारा गया। और यूँ तुकाराम ने 'मिराजकर' को किसी-न-किसी तरह अपने बेटे के नाम का हिस्सा बना ही दिया। 'मिराजकर' का पहला टुकड़ा एक मात्रा के परिवर्तन के साथ मेराज बना और क़रीमुद्दीन में 'कर' आ गया और उनकी मराठा आत्मा सन्तुष्ट हो गई।

ज़न्नत भटिहारी बड़ी कट्टर शीआ मुसलमान थी। ज़बरदस्त ताज़िएदारी करती थी। हर जुमेरात को शहीदे-सालिस की क़ब्र पर फ़ातिहा पढ़ने जाती थी जो सरकार से बग़ावत भी समझा जा सकता था क्योंकि खुद औरंगज़ेब के हुक्म से उस ईरानी शीआ आचार्य को सूली पर चढ़ाया गया था।

तो जब सुहाग का पहला मुहर्रम आया और इमामबाड़ा सजा तो तुकाराम उर्फ औलाद अली खाँ ने अलमों और तुर्बत पर ठोस चाँदी की एक तलवार चढ़ाई। ज़न्नत ने कहा कि यह मौला मुशकिबुशा की तलवार है हालाँकि उसे पता था कि यह शिवाजी की तलवार भवानी की नकल है।

इस ख़ानदान के इमामवाड़ों में वह तलवार अब भी उसी तरह चढ़ाई जाती है। हालाँकि घटते-घटते वह तलवार अब चाँदी का ख़िलाल बन चुकी है...। बहरहाल, किस्सा कोताह यह कि जब मेराज क़रीमुद्दीन खाँ की ज़िन्दगी का पहला मुहर्रम आया तो उन्हें पटकों के साथ-साथ उस तलवार की हवा भी दी गई और यूँ वह अलमों और तलवार की

छाँव में जवान हुए और कोल (अलीगढ़) के मुहल्ल-ए-अफगानान में उनकी शादी हो गई, जिसके नतीजे में वह चार बेटों और सात बेटियों के बाप बने और उनके तीसरे बेटे नूरुल्लाह खाँ के पोते जहाँदाद खाँ की शादी जौनपुर के एक सैयद ख़ानदान में हो गई और वह घरजँवाई बनकर जौनपुर चले गए, जहाँ उनके ससुर को यह ग़वारा न हुआ कि लोगों को यह मालूम हो कि उनका दामाद पठान है, इसीलिए उन्होंने जहाँदार खाँ को मीर जहाँदार अली खाँ कह दिया और 'ख़ान' को गवालियर दरबार का ख़िताब बता दिया। और यूँ तुकाराम मिराजकर के ख़ानदान का एक सिलसिला सैयद हो गया और ज़र्रीक़लम मीर अहमद अली जौनपुरी उसी सिलसिले की एक कड़ी थे परन्तु वह अपने ख़ानदान के इतिहास से परिचित नहीं थे। और इसीलिए कार्यालय से अपने घर जाते समय वह बिलकुल अकेले थे क्योंकि उन्हें तो यह पता था नहीं कि वह तुकाराम मिराजकर के पड़पोते हैं। इसलिए अगर बम्बई, कल्याण, थाणे, भिवण्डी–ये सारी जगहें मराठों की हैं तो उनकी भी हैं। उन्हें तो शिवाजी पार्क में होनेवाले एक हिन्दू मराठी नेता का भाषण याद आ रहा था :

"यह मुसलमान कैंसर हैं और कैंसर का सिर्फ़ एक इलाज है–काटकर फेंक दिया जाए। यह मुसलमान कैंसर हैं–"

खुद ज़र्रीक़लम की माँ कैंसर में मरी थीं। उनके कैंसर का ऑपरेशन भी किया गया था। पर मौत बरहक़ है। इसलिए अगर मुसलमान कैंसर हैं तब तो फिर हिन्दुस्तान की जान अल्लाह ही बचाए...।

ज़र्रीक़लम यह सोचकर अन्दर-ही-अन्दर काँप गए।

वह तो सन् 47 में पाकिस्तान नहीं गए कि पंजाबवाले 'उसने जाना है' बोलते हैं। वह अपनी ज़बान ख़राब करने वहाँ क्यों जाएँ। फिर बनारस के लँगड़े आम, रामपुर के समर बहिश्त, लखनऊ के दसहरी, अहमद हुसैन दिलदार हुसैन की तम्बाकू, नख्ख़ास की बालाई, चौक के पान...गरज कि ज़िन्दगी के सारे एहसानों को भुलाकर वह कैसे चले जाते। उनके पिता अली क़ंबर जौनपुरी छपरा के बलवों में मारे गए। उनकी बहन कनीज फ़ात्मा कलकत्ते के दंगों में ऐसी ग़ायब हुई कि फिर मिली ही नहीं...वह फिर भी पाकिस्तान नहीं गए। और एक आदमी छत्रपति शिवाजी महाराज की मूर्ति के नीचे खड़ा छत्रपति शिवाजी महाराज की सेना के एक सिपाही तुकाराम मिराजकर के पड़पोते के बारे

में यह कह रहा है कि वह कैंसर है और उसे काटके फेंक देना चाहिए...

प्रश्न यह है कि ज़र्रीक़लम मीर अली अहमद जौनपुरी पुत्र मीर साहबे आलम जौनपुरी...पुत्र सैयद जहाँदार ख़ाँ फ़ैज़ाबादी, पुत्र क़रीमउद्दीन ख़ाँ पुत्र तुकाराम मिराजकर कहाँ जाए?

कथाकार ने ज़र्रीक़लम के ख़ानदान के इतिहास से यह सवाल किया।

इतिहास चुप रहा क्योंकि उसमें इस सवाल का जवाब देने की हिम्मत नहीं थी। और इतिहास इसलिए भी चुप रहा कि वह जानता था कि श्री बलराज मधोक हफ्ते, दस दिन के बाद क्या बयान देनेवाले हैं।

मद्रास, जून 10 (पी. टी. आई.)। भारतीय जनसंघ के अध्यक्ष प्रोफेसर बलराज मधोक ने आज यह कहा कि वह जुलाई में हिन्दुओं की एक नई पार्टी बनाने जा रहे हैं जो कांग्रेस का जवाब होगी और जिसकी कोख से राष्ट्रीयता का सूर्य उदय होगा।

उन्होंने पत्रकारों से कहा कि नई पार्टी तमाम हिन्दुस्तानियों के लिए एक सिविल कोड की लड़ाई लड़ेगी और यह माँग करेगी कि क़ानून द्वारा हिन्दुओं को मुसलमान और ईसाई होने से रोक दिया जाए क्योंकि मुसलमान या ईसाई होने से राष्ट्रीयता बदल जाती है...

मतलब यह कि तुकाराम मिराजकर के पड़पोते ज़र्रीक़लम मीर अली अहमद जौनपुरी हिन्दुस्तानी नहीं हैं।

तो फिर ज़र्रीकलम कौन हैं? कथाकार ने इतिहास से फिर पूछा परन्तु इतिहास तक उसकी आवाज़ न पहुँची क्योंकि उसकी आवाज़ खुशी के उस शोर में दब गई जो मुसलमानों के झोंपड़ों को जलता देखकर बम्बई के एक क्षेत्र के फ़्लैट-निवासी कर रहे थे। उसकी आवाज़ पुलिस की गोलियों की उन आवाज़ों में दब गई जो मुसलमानों का सीना तलाश कर रही थीं...।

इसलिए जब कथाकार को इतिहास ने कोई जवाब नहीं दिया तो वह चुपचाप ज़र्रीक़लम के साथ लग लिया जो अपने घर की तरफ़ जा रहे थे।

जैसे-जैसे उनका घर पास आता गया वैसे-वैसे सड़क पर और गलियों में पत्थर और टूटी हुई बोतलों के टुकड़े ज्यादा दिखाई देने लगे। एक जगह सड़क गीली थी। बस तेज चल रही थी पर ज़र्रीक़लम ने देखा

कि वह गीला धब्बा लाल था जो धीरे-धीरे काला पड़ रहा था।

ज़र्रीक़लम घबराकर दूसरी तरफ़ देखने लगे।

बस भरी हुई थी। हर मुसाफ़िर के चेहरे के डर ने उसके धर्म को ढँक रखा था...।

ज़र्रीक़लम ने समय बिताने के लिए यह सोचना शुरू किया कि मुसाफिरों में कौन हिन्दू, कौन मुसलमान और कौन ईसाई है।

ड्राइवर तो सिख था। गुरुवाणी गा रहा था। शायद अपने डर को छिपाने के लिए...खालिस्तान। सन्त जरनैल सिंह भिंडरावाला। हरमन्दिर साहब। अकाल तख्त साहब...स्वर्ण मन्दिर। ग्रन्थ साहब का अखण्ड पाठ...। खून, लाशें...बमों के धमाके...गोलियों की सनसनाहट...वह डर जो पंजाब के गली-कूचों में परछाइयों की तरह साथ लगा हुआ है...खून के धब्बे धुलेंगे कितनी बरसातों के बाद...

"बज़ार में तो आग लगेला है भाई!" एक आवाज़ आई।

ज़र्रीक़लम ने बोलनेवाले की तरफ़ देखा। सूरत से पता नहीं चल रहा था कि वह हिन्दू है या मुसलमान। भाषा भी एक ही थी। परेशानी भी एक ही थी। खुद ज़र्रीक़लम बाज़ार में लगी हुई आग में जल रहे थे।

आटा : 5 रुपए किलो।

तुआरे (अरहर) की दाल : 8 रुपए किलो।

डालडा : 18 रुपए 40 पैसे किलो।

चावल : 3 रुपए 40 पैसे से 12 रुपए किलो तक।

शक्कर : 4 रुपए 80 पैसे किलो।

आटा : 4 रुपए किलो।

हापूस : (अलफ़ांसो आम) 70 रुपए दर्जन।

गोश्त : 24 रुपए किलो।

हद तो यह है कि पिछले बरस अम्मा के कफ़न-दफ़न पर सात सौ उठ गए, जबकि दस बरस पहले अब्बा के कफ़न-दफ़न पर सवा तीन सौ उठे थे। जिया जा नहीं रहा है और मरने की हिम्मत नहीं पड़ रही है। तो फिर आदमी करे क्या ?

बस एक स्टाप पर रुकी। कुछ मुसाफिर उतरे। कुछ चढ़े।

"शकील भाई, सलामालेकुम !"

ज़र्रीक़लम ने पिछले दरवाज़े की तरफ़ देखा। एक हट्टा-कट्टा

जवान आदमी बस के अन्दर आ रहा था।

"अरे भई बद्रुज्ज़मां, सुना कि चीता कैम्प पर फिर हमला हुआ ?"

"अरे शकील भाई, दादा पाटिल दिन-भर के वास्ते अपनी पुलिस हटा लें तो हमला गाँड़ में घुसेड़के हलक़ से निकाल लें।" उसने उस मुसाफ़िर की तरफ़ घूरके देखते हुए कहा जो एक कोने में बैठा महाराष्ट्र टाइम्स पढ़ रहा था, और जिसके बारे में बद्रुज्ज़मा को यह नहीं मालूम था कि उसने अपनी झोंपड़ी में तीन मुसलमानों को छिपा रखा है।

"अरे बेटा, जान तो जान है, चाहे कोई की जाए।" चुस्त पाजामेवाली एक बुढ़िया बोली।

"पर जान खाली हमारी क्यों जाए ?" बद्रुज्ज़मा ने कहा, "थाने में एक मज़ार शहीद हो गया। गोलीबार की मस्जिद पर भी दो हमले हो चुके हैं। 'अख़बारे आलम' पढ़ो, अम्मां, अख़बारे-आलम।"

"मैं तो ख़ाली कुरान पढ़ूँ हूँ बेटा।"

अपनी कैंची खड़काता कंडक्टर आ गया।

"जवाहर नगर!" ज़र्रीक़लम ने कहा।

यह जवाहर नगर नेहरू के सपनों की बस्ती नहीं थी। यह समाज की क़ै की तरह हर तरफ़ फैली हुई थी। इसमें मुसलमान ज़्यादा थे। हिन्दू कम। मराठे बहुत कम।

भारत में कोई और परिवर्तन हो रहा हो या न हो रहा हो, परन्तु पहचानों में दिन-रात परिवर्तन हो रहा है। पुरानी पहचानों में नई पहचानों की कोपलें फूट रही हैं।

पहले लोग हिन्दू-मुसलमान, सिख और ईसाई हुआ करते थे।

हिन्दू ब्राह्मण, क्षत्रिय, वैश्य और शूद्र हुआ करते थे। वैष्णव और शैव, सनातनी, ब्रह्मसमाजी या आर्यसमाजी हुआ करते थे।

मुसलमान सुन्नी, शीआ और शेख, सैयद, मुग़ल, पठान हुआ करते थे।

सिख सिर्फ़ सिख हुआ करते थे।

ईसाई कैथोलिक और प्रोटेस्टेंट...आदि-आदि।

परन्तु अब हिन्दुओं और सिखों में नई शाखें निकल आई हैं। कांग्रेसी हिन्दू, कांग्रेसी हरिजन हिन्दू। कांग्रेसी ब्राह्मण हिन्दू। बी.जे.पी. हिन्दू! लोकदल हिन्दू। जनता पार्टी हिन्दू। आर.एस.एस. हिन्दू। मराठा हिन्दू...आदि-आदि।

मुसलमानों के पास कोई क्षेत्रीय पहचान नहीं। हमारी राष्ट्रीय राजनीति भी मुसलमान को केवल एक धार्मिक पहचान देती है। वह अब मराठी, पंजाबी, कर्णाटकी, आन्ध्री, गुजराती नहीं माना जाता, वह केवल मुसलमान है...राजनीति चाहे दाएँ हाथ की हो चाहे बाएँ हाथ की...कोई मुसलमान को उसकी क्षेत्रीय पहचान देने को तैयार नहीं है। चुनाव के दिनों में चुनाव का नक्शा बनता है, वोटरों की खानाबन्दी होती है तो मुसलमान का खाना अलग बनता है। उत्तरी बम्बई में इतने गुजराती, इतने मराठी, इतने सिन्धी, इतने पंजाबी, इतने तमिल और इतने मुसलमान।

मुसलमान एक कटी हुई पतंग की तरह सारे भारत में डग मार रहा है और कटी हुई पतंग तो लूटी ही जाती है! जिसके हाथ जितनी डोर लग जाए। जिसके हाथ रंगीन काग़ज़ का कोई टुकड़ा आ जाए...

जबलपुर
अहमदाबाद
मुरादाबाद
सम्भल
मालेगाँव
जमशेदपुर
अलीगढ़
मुरादाबाद
बड़ोदरा
हैदराबाद
अहमदाबाद
आसाम
अलीगढ़
भिवण्डी
थाणे
कल्याण
बम्बई...

यह सब किसी-न-किसी तारीख के समाचार-पत्रों का पहला पन्ना है।

नाम-नाम-नाम। आग और लाशें। वही कहानी बार-बार कही जा

रही है कि घरों-मुहल्लों, दुकानों, बाज़ारों के भी मज़हब होने लगे हैं। यह झोंपड़-पट्टी हिन्दू है, वह मुसलमान। यह दुकान हिन्दू है, वह मुसलमान। यह खंजर हिन्दू है, वह मुसलमान। यह लाश हिन्दू है, वह मुसलमान।

मुसलमान की परिभाषा क्या है? मुसलमान वह है जो इस देश का नागरिक है। चुनावों में वोट देता है। दंगों में मारा जाता है और जो इस बड़े देश के किसी क्षेत्र का नहीं है, वह केवल मुसलमान है। इसके सिवा उसकी कोई पहचान नहीं है...

परिणाम? बम्बई-आगरा रोड बन्द हो गई क्योंकि चन्द दिनों के लिए शायद भिवण्डी, थाणे, कल्याण और बम्बई के कुछ हिस्से हिन्दुस्तान से निकलकर मराठवाड़े में चले गए। सब्ज़ी, तरकारी, फल, दूध अण्डे की गाड़ियाँ हिन्दुस्तान और मराठवाड़े की सीमा पर रुक गईं...दाम बढ़ गए। जो चीज आठ रुपए किलो थी, बारह रुपए किलो हो गई...और बहुत सारी ज़मीन जिसे झोंपड़पट्टियों ने घेर रखा था खाली हो गई ताकि उन पर ऊँची-ऊँची मँहगे फ़्लैटोंवाली बिल्डिंगें खड़ी हो सकें।

पैसे का कोई धर्म नहीं होता। वह सिर्फ़ पैसा होता है। मुनाफे का कोई धर्म नहीं होता। वह केवल मुनाफा होता है। महँगे फ़्लैटों का कोई धर्म नहीं होता। वह केवल महँगे फ़्लैट होते हैं। टैक्सियों का मज़हब होता है। कारों का कोई मज़हब नहीं होता...

अमृतसर
लुधियाना
चण्डीगढ़
जालन्धर
पठानकोट
बैंक आफ इण्डिया
पंजाब नेशनल बैंक
स्वर्ण मन्दिर
कोकीन
लाइट मशीनगनें
तोशाखाना, नानक निवास, मंजी साहिब, लंगर, अकाल तख़्त
हरमन्दिर साहब

लाला जगतनारायण
बाबा गुरबचनसिंह
हरबंससिंह मनचन्दा
विश्वनाथ तिवारी
रामायणी प्रतापसिंह
रमेश चन्द्र

वाहे गुरु दा खालासा
वाहे गुरु दी फ़तह...

नाम...नाम...नाम। आग और लाशें...वही कहानी। वही दृश्य...

या अल्लाह! तुकाराम के पड़पोते ज़र्रीक़लम ने लम्बी साँस लेकर चुपके से कहा। बस एक झटके से रुकी और वह उस गीली कै़ पर उतर गए जिसका नाम जवाहर नगर है।

जवाहर नगर में सन्नाटा था। रात का सन्नाटा नहीं; तनाव का सन्नाटा। डर का सन्नाटा। नफ़रत का सन्नाटा।

पंजाब में हिन्दू लाशें। इराक में ईरानी लाशें। ईरान में इराक़ी लाशें। ईरानी शहर। इराकी शहर। लेबनान, इज़राइल, लैटिन अमरीका, अफ्रीका, सिन्ध, ब्लूचिस्तान, बांग्लादेश। लाशें दुनिया-भर की। अरब लाशें। यहूदी लाशें। चिलियन लाशें। ब्राज़ीलियन लाशें। सल्वेडैरियन लाशें। शीआ लाशें। सुन्नी लाशें। वियतनामी लाशें...गोलियाँ अमरीकी। मशीनगनें अमरीकी। बम अमरीकी। हवाई जहाज अमरीकी...लाशों का व्यापार...

अली सरदार जाफ़री ने अमन कान्फ़रेंस के जलसे में यही तो तक़रीर की थी।

ज़र्रीक़लम को जाफ़री साहब के बोलने का अन्दाज़ अच्छा लगता था। जाफ़री साहब की आवाज़ में वह कैफ़ी साहब की आवाज़वाली खनक तो नहीं थी...फिर भी यह दोनों आवाज़ें जो कम्युनिस्ट पार्टी और तरक्क़ीपसन्द अदब (प्रगतिशील साहित्य) की जहन्नम में न होतीं तो मुहर्रम की मजलिसों में क्या मरसिए पढ़ रही होतीं।

ज़र्रीक़लम को सन् '70 की वह मज़लिस अब भी याद थी। ख्वाज़ा अहमद अब्बास के घर पर मज़लिस थी। मोमितीन में राजेन्द्रसिंह बेदी, कृष्णचन्द्र, इन्द्राज आनन्द, महेन्द्रनाथ, राजकपूर, सुनील दत्त, नर्गिस,

निम्मी, अली रज़ा, साहिर लुधियानवी, कमलेश्वर, धर्मवीर भारती, पुष्पा भारती, अली अब्बास मूसवी, सैयदा मूसवी और श्री अटल बिहारी वाजपेयी (जो धर्मवीर भारती के मेहमान थे और उन्हीं के साथ चले आए थे।)

अली सरदार जाफ़री ने अपना लिखा हुआ एक सलाम पढ़ा और कैफ़ी ने मीर वहीद का मशहूर मरसिया : क्यों ज़लज़ले में आज ज़मीं करबला की है...

एक धमाका हुआ...

ख़यालों का सिलसिला टूटा और एक डर उबकाई की तरह पेट से उमड़कर हलक़ तक आ गया।

उनके चारों तरफ़ लोग भाग रहे थे तो वह भी भागने लगे। हालाँकि उन्हें अपनी बस्ती के लिए 108 नम्बर की बस पकड़नी थी...भागते हुए उन्हें पहली बार ख़याल आया कि हिन्दू-मुसलिम दंगों के मौसम के लिए उनके वस्त्र ठीक नहीं हैं। लम्बी शेरवानी! बड़ी मुहरीवाला लखनवी पाजामा। दाहिने हाथ की तीसरी उँगली में बड़े-से फीरोज़े की एक अँगूठी। यह हुलिया तो इतने ज़ोर-ज़ोर से क़लमा पढ़ता है कि दो फर्लांग से पता चल जाय। उन्होंने तहैया किया कि अगर आज अपने घर ज़िन्दा पहुँच गए तो कल से अब्ब की जींस पहनकर बाहर निकला करेंगे। जान है तो जहान है...और तब उन्हें ख़याल आया कि बाबू गोपीनाथ बर्क़ औरंगाबादकर भी तो यही कपड़े पहना करते थे!

मौत का एक दिन मुअय्यन है
नींद क्यों रात-भर नहीं आती।

एक गली से भागता हुआ एक लड़का निकला...उसकी आँतें लटक रही थीं। वह उन्हें दोनों हाथों से दबाए भाग रहा था। उसकी फ़ेडेर्ड जीन उसके खून से बदरंग हो रही थी...पता नहीं वह हिन्दू था या मुसलमान। ज़र्रीक़लम को तो वह अपने से भी ज़्यादा डरा हुआ एक आदमी दिखाई दिया। वैसे वह अभी पूरा आदमी भी नहीं था। जीता तो एक-आध बरस में आदमी हो जाता।

उसके पीछे 18-20 आदमियों का जो गोल दौड़ रहा था; वह भी पूरे आदमियों का गिरोह नहीं था। वह भी बच्चे ही थे। उन्होंने भी जींस या पतलूनें पहन रखी थीं। उनके मुँह को खून लग चुका था...वह अपने शिकार के पीछे दौड़ रहे थे और इसीलिए वह ज़र्रीक़लम को खुले हुए

गटर में फलाँगता न देख पाए।

उस गटर की बदबूदार कीचड़ उन्हें माँ की गोद की तरह सुरक्षा की जगह लगी। वह उस गटर में दुबककर बैठ गए...

मगर उनका कूदना उस समुन्दरी चूहे को अच्छा न लगा जो कुछ खाने में मसरूफ़ था। उसने खीसें निकालकर उनकी तरफ़ देखा और अपनी पिछली टाँगों पर खड़ा हो गया...आत्मरक्षा के लिए। और ज़र्रीक़लम ने देखा कि वह किसी आदमी की लाश खा रहा था। और उस लाश से सैकड़ों छोटी-छोटी मछलियाँ भी लिपटी हुई थीं।

ज़र्रीक़लम की घिग्घी बँध गई–कहीं दूर से किसी आदमी के कराहने की आवाज़ आई...ज़र्रीक़लम को यह जानने में कुछ क्षण लगे कि वास्तव में वही लाश कराह रही थी।

इस बीच चूहा जो लगभग बिल्ली जितना बड़ा रहा होगा उन्हें नज़रअन्दाज़ करके फिर अपने काम में लग गया...

ज़र्रीक़लम को उबकाई आई और वह क़ै करने लगे...

नाले के बाहर से आवाज़ें आ रही थीं...कि जिसे मारा वह साला मुसलमानों जैसी दाढ़ी काहे को रखाएला था! पैण्ट सरका के देखने में तो सारा टेम ही ख़लास हो जाएगा। पुलिस के आने में खाली आधाहिच क्लाक तो बाकी होता...

यह सुनकर ज़र्रीक़लम की जान में जान आई कि आधे घण्टे में पुलिस आ जाएगी। पुलिस अर्थात् सुरक्षा...फिर भी वह उस गन्दे नाले की बदबू ओढ़े बहुत देर तक बैठे रहे और मछलियाँ उस आदमी को खाती रहीं और फिर वह आदमी कराहते-कराहते मर गया।

किसी चीज़ ने उनके पाँव में काटा। वह चीख उठे–और उनकी डरी हुई आँखों ने एक समुन्दरी चूहे की आँखें देखीं...और वह डरकर भागे ...नाले की बदबू उनके पीछे दौड़ी...

हिन्दुस्तान में तो मैराथन दौड़ का हर स्वर्ण पदक आना चाहिए...दौड़ शुरू होने से पहले दौड़नेवाले के कान में बस कोई यह फूँक दे कि बलवाई आ रहे हैं।

ज़र्रीक़लम भागते-भागते अपनी बस्ती में पहुँच गए।

यह बस्ती 'खाते-पीते' ग़रीबों की बस्ती थी। बम्बई में ग़रीब तीन तरह के होते हैं–खाते-पीते ग़रीब, ग़रीब और बहुत ग़रीब।

खाते-पीते ग़रीब वह हैं जो वास्तव में ग़रीब नहीं हैं। जब बम्बई

आए थे तब अवश्य ग़रीब थे। कोठरी भी न ले सके तो कहीं सरकारी ज़मीन पर इलाके के दादा की इजाज़त से झोंपड़ी डालके रहने लगे।

यह झोंपड़ी प्रेमचन्द की कहानियों जैसी झोंपड़ी नहीं होती। इसे झोंपड़ी इसलिए कहते हैं कि इसका नामकरण नहीं किया जा सका है। यह तीन-चार फीट ऊँची एक चीज़ होती है जिसकी दीवारें सड़े-गले पैकिंग के बक्सों की होती हैं। ऊपर फटी हुई तिरपाल या प्लास्टिक का टुकड़ा। न दरवाज़ा, न खिड़की। लोग उनमें रेंगकर अन्दर जाते हैं और रेंगकर बाहर आते हैं...यह ईमानदार कामगारों की झोंपड़ियाँ हैं। फिर इन्हीं झोंपड़ियों में हरी-लाल झंडियाँ लटकाकर दुल्हन ले आई जाती है। फिर इन्हीं झोंपड़ियों में बच्चे होते हैं...फिर उन बच्चों में से कोई जेबक़तरा हो जाता है, कोई कच्ची दारू के धन्धे में लग जाता है...कोई किसी दादा के साथ लगकर किसी तस्कर या एम.पी., एम.एल.ए. की छत्रछाया में चला जाता है। घर में थोड़ा पैसा आने लगता है। झोंपड़ी का ज़रा क़द निकल आता है। दरवाज़ा लग जाता है। खिड़कियाँ बन जाती हैं। टीन की छत पड़ जाती है। फिर इधर-उधर की ज़मीन जुड़ जाती है। कभी-कभी एक मंज़िल और चढ़ जाती है और छत टाइल की हो जाती है...

जब से गल्फ़ देशों का रास्ता खुला है तब से झोंपड़पट्टियों में खाते-पीते ग़रीबों की संख्या कुछ बढ़ गई है। 'शार्प' के कैसेट प्लेयर, 'सोनी' के टेलीविज़न सेट और इक्का-दुक्का नेशनल के वी.सी.आर.। विदेशी खुशबुएँ आदि-आदि।

इन्द्रानगर पुलिसवालों में, ज़र्रीक़लम के लिए नहीं, अपने ठर्रे की भट्ठियों, चरस, गाँजे और अफीम के धन्धे और अपने दादाओं के लिए इज़्ज़त की निगाह से देखा जाता था।

जवाहर नगर और इन्द्रानगर के बीच में एक गन्दा नाला था जिसकी बदबू उन दोनों बस्तियों में बराबर-बराबर बाँटी हुई थी।

कॉरपोरेशन ने न जाने क्यों नाले पर एक पुल बनाकर इन दोनों बस्तियों को जोड़ दिया था।

इन्द्रानगर में हिन्दू ज़्यादा थे, मुसलमान कम।

जवाहर नगर में मुसलमान ज़्यादा थे, हिन्दू कम।

दोनों बस्तियों में ग़रीब ज़्यादा थे और खाते-पीते ग़रीब कम। इन्द्रानगर में तो खाते-पीते ग़रीब बहुत ही कम थे। परन्तु जवाहर नगर

में दुबई, मसक़त, अबूधाबी, दम्माम की हवाएँ चल रही थीं। रुपए की जगह दिल चल रहा था। अब्दुल क़रीम, हलीम जाफर, मुरतुज़ा अली, मुहम्मद अब्बास के घरवाले जवाहर नगर में रहते थे और यह लोग खुद गल्फ़ देशों में काम करते थे। इनके नामों से टी.वी. कैसेट-प्लेयर्स, जार्जेट, शिफ़ॉन, आदि-आदि की महक आती थी। और उस महक को हवा पूरे जवाहर नगर और इन्द्रानगर में फैलाए हुए थी...

शाम को आसपास की औरतें इन खाती-पीती झोंपड़ियों में जमा हो जातीं। कोई हिन्दी फ़िल्म देखती। कोई सिंगारमेज़ पर सजी हुई लिपिस्टिकें और सेण्ट की शीशियाँ और पाउडर के डिब्बे और भँवें बनानेवाली पेंसिलें और नाखूनों को सजाने का सामान और आई शैडो का इन्द्रधनुष देखती। और गले में पड़ी सोने की ज़ंजीरें और उँगलियों में ठुँसी हीरे की अँगूठियाँ देखती। और उन्हें अमिताभ और जितेन्द्र और सनी और अनिल कपूर सब कड़वे दिखाई देने लगते...

ज़रींक़लम की बड़ी बेटी हलीमा सैयदा मुरतुज़ा नक़वी से ब्याही हुई थी, जो अबूधाबी में मिकैनिक था।

भिवण्डी, थाणे, कल्याण की ख़बरों ने हलीमा को सहमा दिया था। जवाहर नगर में तो हिन्दू ही दाल में नमक बराबर थे, और मराठे हिन्दू तो थे ही नहीं। पर नट्टा क़रीम था जिसने जवाहर नगर में शिवसेना की पहली मुसलमान शाखा खोल रक्खी थी और पुलिस चौकी में उसकी बड़ी मान-जान थी। और थानेदार कर्माकर का तो उसके घर में आना-जाना था। नट्टे क़रीम की बहन की शादी में थानेदार कर्माकर ने सोने का एक सेट दिया था।

नट्टा क़रीम के सिवा जवाहर नगर में संजय विचार मंच की शाखा भी थी। उसके अध्यक्ष श्री वहीदुल्लाह अंसारी थे। कार्यालय उन्हीं के घर में था, जिसमें स्वर्गीय संजय गांधी और मेनका गांधी की तस्वीरें टँगी हुई थीं।

फिर कांग्रेस (आई) की शाखा थी जिसके अध्यक्ष श्री अमीरज़ादा कुरेशी थे और चूँकि जवाहर नगर में क़साई बिरादरी की पाँच सौ झोंपड़ियाँ थीं, इसलिए श्री अमीरज़ादा कुरेशी बहुत ताक़तवार माने जाते थे।

नट्टे क़रीम को अमीरज़ादा की यह ताक़त एक आँख नहीं भाती थी। और फिर यह भी था कि श्री अमीरज़ादा, अध्यक्ष, कांग्रेस (आई)

जवाहर नगर कमेटी, धीरे-धीरे कच्ची शराब और कोकीन के धन्धे में भी अपने पंजे गड़ाते चले जा रहे थे। तो नट्टा क़रीम ने जमाअते इसलामी की एक शाखा खुलवाकर औरंगज़ेब आलमगीर को उसका सद्र बनवा दिया।

जमाअते इसलामी की सदारत के लिए औरंगज़ेब आलमगीर का नाम नट्टे क़रीम ने बहुत सोच-विचार के बाद चुना था।

औरंगज़ेब आलमगीर पहले अमीरज़ादा ही के गिरोह में था बल्कि अमीरज़ादा की नाक का बाल था और लोगों का ख़याल था कि अमीरज़ादा के बाद वही सरदार होगा। और इस अमीरज़ादा-औरंगज़ेब गठजोड़ ने नट्टे क़रीम की सल्तनत की बुनियादें हिला दी थीं। जवाहर नगर के एक हिस्से ने अमीरज़ादा को हाउसटैक्स देना शुरू कर दिया था। इसलिए नट्टा क़रीम के लिए यह आवश्यक हो गया था कि अमीरज़ादा-औरंगज़ेब गठजोड़ किसी-न-किसी तरह तोड़ दिया जाए। चुनाँचे लगातार दो बरस की कड़ी मेहनत के बाद नट्टा क़रीम अमीरज़ादा को यह यक़ीन दिलवाने में कामयाब हो सका कि औरंगज़ेब इन्द्रानगर के लम्बे कालेकर से मिलकर उसे क़त्ल करवाने का प्रोग्राम बना रहा है।

लम्बे कालेकर से अमीरज़ादा की पुरानी चलती चली आ रही थी इसलिए अमीरज़ादा को पता चला कि औरंगज़ेब, कालेकर से मिल गया है तो उसे यक़ीन आ गया कि वह उसे क़त्ल करवाना भी चाहता ही होगा। इसलिए अमीरज़ादा के लिए आवश्यक हो गया कि वह औरंगज़ेब को क़त्ल करवा दे और औरंगज़ेब का क़त्ल हो भी गया होता अगर नट्टे ने उसके कान में यह फूँक न दिया होता कि उसे कब और कहाँ क़त्ल करने की तैयारी की जा रही है।

चुनाँचे अमीरज़ादा और औरंगज़ेब में चल गई और नट्टे क़रीम को साँस लेने का मौका मिल गया...

उसे थोड़ी मदद इन्द्रानगर से भी मिल रही थी कि वह शिवसेना का गढ़ था। अकसर गई रात को नट्टा क़रीम और लम्बा कालेकर बीच की पुलिया पर मिलते। कभी दारू एक लाता, कभी दूसरा। और यह दोनों अमीरज़ादा को उखाड़ने के सपने बुना करते। पर कर्माकर ने साफ़ कह दिया था कि अमीरज़ादा से लड़ाई चली तो पुलिस नट्टे का साथ खुलके न दे पाएगी क्योंकि अमीरज़ादा रूलिंग पार्टी की मुक़ामी शाखा

का अध्यक्ष था। वैसे कर्माकर खुद भी अमीरज़ादा से जला हुआ था क्योंकि इस चौकी पर रहने के लिए वह अमीरज़ादा को हफ़्ता दे रहा था।

उपस्वास्थ्य मन्त्री श्रीमती फूलमती गायकवाड को अमीरज़ादा बिलकुल पसन्द नहीं था और जवाहर नगर उनकी कांस्टिचुएंसी में था। उनकी नाराज़गी का कारण यह था कि कर्माकर उनका 'सगेपाला' था और लम्बे कालेकर और नट्टा क़रीम से उन्हें चुनाव में बहुत ज़्यादा मदद मिली थी जबकि अमीरज़ादा ने अन्दर-ही-अन्दर जनता पार्टी के कुरबान अली की मदद की थी और श्रीमती गायकवाड हारते-हारते बची थीं।

तो श्रीमती गायकवाड, नट्टा क़रीम और लम्बा कालेकर का एक त्रिशूल तैयार हो गया।

अमीरज़ादा इस त्रिशूल से आगाह था और इसीलिए वह औरंगज़ेब आलमगीर से ऐसे में बिगाड़ना नहीं चाहता था परन्तु कोई चारा नहीं था। और धीरे-धीरे औरंगज़ेब का असर कुरैशियों में भी बढ़ने लगा था क्योंकि धर्म का नशा तो कोकीन-चरस के नशे से भी कहीं ज़्यादा तेज़ होता है।

कुरैशी झोंपड़ियों में धीरे-धीरे दाढ़ियाँ उगने लगीं। खुद अमीरज़ादा के बड़े बेटे रईसज़ादा ने दाढ़ी रख ली थी।

शराब-चरस-गाँजे के धन्धे के साथ-साथ औरंगज़ेब पाँचों वक़्त की नमाज़ भी पढ़ता था और अमीरज़ादा का असर तोड़ने के लिए उसने सामनेवाले मैदान में नमाज़ पढ़ना शुरू किया और धीरे-धीरे जवाहर नगर की तमाम दाढ़ियाँ उसके पीछे सफ़ बाँधकर नमाज़ पढ़ने लगीं और वह मैदान 'मस्ज़िद' कहा जाने लगा।

'मस्ज़िद' बनने से पहले वह ज़मीन पब्लिक लैट्रीन की तरह थी। शाम के झुटपुटे और रात के सन्नाटे में औरतों की महफ़िल जमा करती थी। मस्ज़िद के कारण औरतों को अब इन्द्रानगर और जवाहर नगर के बीच का पुल पार करके इन्द्रानगर की तरफ़ जाना पड़ने लगा था।

फिर एक साल लम्बे कालेकर ने 'गणपति बप्पा मोरया' का नारा लगाकर गणेशजी के मौसम में वहाँ साढ़े तीन फ़ीट के एक गणेशजी बिठला दिए।

नमाज़ के वक़्त जब रोज़ की तरह औरंगज़ेब वहाँ आया क्योंकि

अजान वही दिया करता था (क्योंकि अजान सिर्फ़ उसी को याद थी) तो उसने गणेशजी को देखा...

तू-तू, मैं-मैं शुरू हो गई। इधर से कुरैशी आ गए, उधर से लम्बा कालेकर। तू-तू, मैं-मैं की आवाज़ें ज़र्रीक़लम की झोंपड़ी तक भी गईं। वह 'मस्जिद' से मिली हुई थी। हलीमा बिचारी घबराके 'नादेअली' पढ़ने लगी।

"अल्ला समझे इन मुए जमातियों से।" ज़र्रीक़लम की बीवी ने कहा।

और इससे पहले कि ज़र्रीक़लम कुछ कहें कि हैदर भागा-भागा आया। साँस फूला हुआ।

''अरे ऊदर औरंगज़ेब और लम्बा कालेकर में बोमा-बोम होयला है।''

हलीमा ने उसे दो-हत्थड़ मारे।

"तू वहाँ क्या करने गया था मट्टी मिले।"

"देखो बेटी, मैं तुझसे बार-बार कहता हूँ कि मुर्तुज़ा मियाँ को लिखो। कहीं भले मानसों के इलाक़े में कोई क़ायदे का फ़्लैट ले लें। वरना मियाँ हैदर की ज़बान बिलकुल बढ़ जाएगी। ज़रा शेरवानी देना, मैं देखता हूँ।"

"तुम चुपचाप बैठे रहो जी! सुन्नी माटी मिलों के झगड़े से तुम्हें क्या लेना।"

ज़र्रीक़लम बैठ गए। परन्तु बाहर का शोर बढ़ता ही जा रहा था कि पुलिस के सायरन की आवाज़ आई और अब ज़र्रीक़लम के लिए घर में बैठना असम्भव हो गया। बीवी बड़बड़ाती रह गई पर वह शेरवानी के बटन बन्द करते बाहर चले गए।

"ई बेड़े मियाँ, खुदा न ख्वास्ता मौब्बत लिखी है एही आवे-जावे में। अरे हम कहित हैं न कि बाहर झगड़ा होत है तो घर पटा के बैयठे को चहिए ना। तुम मुरतुज़ा को आगे लिख दओ कि ख़त को तार समझें और तुरन्त मौलाना रिज़वी के पड़ोसवाला फ़्लैट ख़रीद लें। शीअन का माहौल त मिलिहे...मैंहूँ इन मूए क़साइयन में रहत-रहत आजिज़ आ गई हौं।"

हलीमा उदास हो गई। क्योंकि जो वह जानती थी वह अम्माँ नहीं जानती थीं। मुर्तुज़ा हलीमा का चचाज़ाद भाई भी था। हलीमा से

उसने प्रेम-विवाह किया था और इसीलिए उसके बाप ने उसे घर से निकाल दिया था। उसका बाप अहमद अली जौनपुर रेलवे में टिकट चेकर था और बान्द्रा की रेलवे कालोनी के एक पक्के क्वार्टर में रहता था।

उसने अली भाई ताजुद्दीन की बेटी से मुर्तुज़ा की शादी तय की थी। अली भाई दहेज़ में एक बेडरूम-हॉल का फ़्लैट भी दे रहे थे।

इसलिए जब मुर्तुज़ा ने हलीमा से निक़ाह कर लिया तो बाप ने बेटे को घर से निकाल दिया और भाई से बोलचाल बन्द कर दी।

ज़र्रीक़लम को इसका बड़ा दुख हुआ। पर वह कर भी क्या सकते थे।

और तब मुर्तुज़ा कुछ करता भी नहीं था। मगर मोटर मिकैनिकी का काम सीख रहा था तो अपने उस्ताद गुलाम मुस्तफ़ा के साथ अबूधाबी चला गया और अब माशा अल्लाह से वहाँ उसका अपना गैरेज है। फ़र-फ़र अरबी बोलता है। पहली की पहली मनीऑर्डर आ जाता है।

धीरे-धीरे यह ख़बर मुर्तुज़ा के बाप को मिली कि ज़र्रीक़लम के घर में सत्ताईस इंचवाला सोनी का कलर टी.वी. है। नेशनल का वी.सी.आर. है। और वह भी ऐसा कि जहाँ बैठे हो वहीं से चला लो और बन्द कर लो। अब तो उनके कान खड़े हुए। फिर पता चला कि चक्कर क्या है। तब तो बेटे की याद उन्हें तड़पाने लगी। और उन्होंने बड़प्पन का सबूत देते हुए बेटे को माफ कर दिया। पर वह अपने भाई की तरफ़ से दिल साफ़ करने पर तैयार नहीं थे।

अब जाहिर है कि मुर्तुज़ा एक शरीफ़ लड़का था। माँ-बाप से ज़िन्दगीभर फ्रंट तो रह नहीं सकता था।

तो वह अपने आने की तारीख से चार दिन पहले आता और सीधा बाप के घर जाता और चार दिन के बाद इधर आता। यह बात केवल हलीमा को मालूम थी। और वह अन्दर-ही-अन्दर कुढ़ा करती थी। और इस बार तो मुर्तुज़ा ने उससे साफ़-साफ़ कह दिया था कि अगली बार आएगा तो हलीमा को ससुराल ले जाएगा और वह वहीं रहा करेगी क्योंकि बच्चे यहाँ खराब हो रहे हैं। उसने वरसोवा में दो बेडरूम-हॉलवाला एक फ़्लैट भी बुक करवा लिया है पर उसका हुक्म था कि चचाज़ान और चचीज़ान को यह बात न मालूम हो...

"हम कहित हैं न हैदर, कि भैया को परेशान मत करो नहीं तो..."

हलीमा ने देखा कि अम्माँ हैदर के पीछे एक पाँव की जूती लिये दौड़ रही हैं...और हैदर दूध पीते भाई को चिपकाए कभी कूदकर इधर और कभी कूदकर उधर...

बाहर का शोर थम चुका था।

ज़र्रीक़लम शेरवानी के बटन खोलते अन्दर आए।

"कर्माकर चौबीस मुसलमानों को गिरफ़्तार कर ले गया।"

"रईसज़दवा को पकड़ ले गया कि ना ?" हलीमा की अम्माँ ने पूछा, "केह मारे कि ओकी दाढ़ी चारयारी झण्डा बनके बहुत फड़फड़ाइत है आजकल।"

और जब उन्हें पता चला कि रईसज़ादा भी गिरफ्तार हो गया है तो उन्होंने अल्लाह का शुक्र अदा किया...

पर उन बिचारी को क्या पता था कि आज जवाहर नगर में कैसा बीज बोया गया है।

अमीरज़ादा जाकर औरंगज़ेब के सिवा सबकी जमानत करवा लाया और उसने कर्माकर से कह दिया कि अब तो वहाँ मस्ज़िद ही बनेगी।

दस दिन में ईंटें आ गईं।

इन्द्रानगर ने फ़ौजदारी का मुक़दमा दायर कर दिया। अमीरज़ादा कहता था कि यह जगह तीस बरस से जवाहर नगर की ईदगाह है। कालेकर कहता था कि गणेश चबूतरा है।

दोनों बस्तियों का तनाव बढ़ने लगा तो अमीरज़ादा ने एक दिन औरंगज़ेब को पकड़वाके भरे बाज़ार में उसकी दाढ़ी मुँडवा दी और तीसरे दिन जब रईसज़ादा पेट्रौल पम्प से अपनी मोटर साइकिल में पेट्रौल भरवा रहा था, एक आदमी मोटर साइकिल पर आया और रईसज़ादा को चार गोलियाँ मारकर हवा हो गया...

और फिर क़त्लों का एक सिलसिला शुरू हो गया। कुल मिलाके बारह आदमी मारे गए। चार आदमी नट्टा क़रीम के, जिनमें एक उसका दामाद भी था। चार आदमी लम्बे कालेकर के, और रईसज़ादा को मिलाकर चार आदमी अमीरज़ादा के...

कहने का मतलब यह कि जवाहर नगर भारतीय राजनीति का चबूतरा था।

कांग्रेस (आई)
जमाअते इस्लामी
शिवसेना
साधारण लोग
और इस चबूतरे पर गुण्डागर्दी का तम्बू तना हुआ था।
शराब, गाँजा, चरस, कोकीन।
ईदगाह। गणेश चबूतरा।
कांग्रेस (आई)। शिवसेना।
कलर टेलीविजन।
वी.सी.आर.।
हमारे अँगना में तुम्हारा क्या काम है।
स्मगलिंग x दादागीरी = राजनीति
जबान x भाषा = राजनीति
धर्म x मज़हब = राजनीति
चूँकि स्मगलिंग x दादागीरी = राजनीति
चूँकि धर्म x मजहब = राजनीति
इसलिए स्मगलिंग x दादागीरी = धर्म x मज़हब।
और अगर इन सबको जोड़ दें तो हासिल जमा : लाश!

इसलिए एक सड़ी-गली लाश बनना तो जवाहर नगर की तक़दीर था क्योंकि 'हासिल जमा' ही का धार्मिक नाम तक़दीर है।

उप-स्वास्थ्यमन्त्री, कर्माकर, नट्टा क़रीम और कालेकर ने अमीरज़ादा का असर तोड़ने का फैसला तो उसी दिन कर लिया था जिस दिन शिवसेना के नेता ने मुसलमानों के खिलाफ भाषण दिया था और जिस भाषण के जवाब में कांग्रेस (आई) के एक एम.एल.ए. श्री ख़ान ने श्री बाल ठाकरे की एक तस्वीर को जूते का हार पहनाया था।

और जब भिवण्डी में आग लगी तो उसके शोलों की रोशनी में इन लोगों ने जवाहर नगर की तक़दीर साफ़-साफ़ पढ़ ली।

नट्टा क़रीम तो अपने आदमियों को लेकर पिछली रात ही भिण्डी बाज़ार उठ गया था। लम्बे कालेकर ने भी अपना परिवार सरका दिया था और खुद कर्माकर हवालात में बन्द हो गया था।

कर्माकर ने कालेकर के आदमियों को घासलेट, सोडे की बोतलें और देसी बम सप्लाई किए जिसका खर्च उप-स्वास्थ्यमन्त्री के चुनाव

फण्ड से दिया गया।

मगर हलीमा को इन बातों की ख़बर नहीं थी। वह पास-पड़ोस की औरतों को जमा किए अपने वी.सी.आर. पर 'अन्धा क़ानून' देख रही थी।

हलीमा की माँ पड़ोस की एक लड़की को दबोचे बैठी ख़त लिखवा रही थी और उस लड़की का ध्यान 'अन्धा क़ानून' में था...

हलीमा की अम्मा बोल रही थी–"बड़के अब्बा को बाद तसलीम के मालूम होए कि इहाँ अल्लाह के फ़जल से खैरियत है कि हलीमा के अब्बा को कै दिन से खाँसी आइत है। मोरियो तबीयत ज़रा सुस्ते चलित है। हलीमा का हाथ पक गया है। उम्मीद है कि उहाँ भी सब खैरियत होगी..."

ख़त यहीं तक पहुँचा था कि...

"क़त्ल, लूटमार, बर्बरता...ऐसे मंज़र कि आँखें मानने से इनकार कर दें...धर्म के नाम पर होनेवाले इस मंज़र की याद का भूत बरसों हमें डराता रहेगा...ज़िन्दा जलते हुए आदमी...घिनावनी बर्बरता...भीषण घृणा...

और मुख्यमन्त्री ने अब तक यह भी ज़रूरी न जाना कि जो कुछ हो रहा है उसकी इख़लाकी ज़िम्मेदारी ही स्वीकार कर लें?

इन घावों पर रिलीफ़ फण्ड का फाया लगाया जाएगा ताकि मज़लूमों की ख़ामोशी ख़रीदी जा सके...राजनीति का बाज़ार एक बार फिर गर्म होगा...हाँ शायद इतना फ़र्क़ ज़रूर पड़े कि वोट पहले से ज़रा ज़्यादा महँगा हो जाए।"*

एक तरफ़ से कालेकर के बेवर्दी लोग आए। एक तरफ़ से कर्माकर उप-स्वास्थ्यमन्त्री के सगेवाले, वर्दीवाले लोग आए।

10 आदमी तलवारों और छुरों से मारे गए। सत्ताईस आदमी पुलिस की गोली से और 20 मर्द, औरतें और बच्चे जलकर मरे कि वह झोंपड़ियों में थे। उनमें आग लगा दी गई थी। पुलिस ने बताया कि उसे गोली इसलिए चलानी पड़ी कि जान बचाकर भागते हुए जवाहर नगर को देखकर पुलिस को ऐसा लगा कि लोग उस पर हमला करने दौड़े चले आ रहे हैं।

---

*प्रतीश नन्दी : इलस्ट्रेटेड वीकली, (27.5.84) (स्वतन्त्र अनुवाद)

157 आदमी बलवा करने के जुर्म में गिरफ़्तार भी किए गए। 11 इन्द्रानगर और 146 जवाहर नगर के और इन 146 लोगों में से 99 प्रतिशत लोग अपने घरों से घसीटकर निकाले गए थे।

पुलिस की गोली से कालेकर का कोई आदमी न घायल हुआ, न मरा। कालेकर का कोई आदमी गिरफ़्तार भी नहीं हुआ। जो 11 आदमी पकड़े गए वह सोशल वर्कर थे और शान्ति चाहते थे।

धर्माधिकारी जब आर्मी की एक टुकड़ी लेकर वहाँ पहुँचा तो 57 लाशें जमा की गईं।

इन लाशों में अमीरज़ादा की लाश थी। हलीमा की लाश थी। हैदर की लाश थी। हलीमा की माँ की लाश थी। पड़ोस की उस बच्ची की लाश भी थी जो हैदर की नानी का ख़त लिख रही थी। उस लड़की का नाम मीना कुमारी था।

और लाशें भी थीं। परन्तु धर्माधिकारी सिर्फ़ एक लाश को पहचान सका। वह लाश तुकाराम मिराजकर के पड़पोते ज़र्रीक़लम मीर अली अहमद जौनपुरी की थी, आमची मुम्बई!

और जिस वक़्त जवाहर नगर में लाशें शिनाख़्त की जा रही थीं उस वक़्त लम्बा कालेकर नट्टे क़रीम के साथ उसके बहनोई के मुहम्मद अली रोडवाले घर में हलीमा के घर से उठवाए हुए वी.सी.आर. पर यश चोपड़ा की फ़िल्म 'दीवार' देख रहा था। आमची मुम्बई !

अपनी आँखों को सँभाले रखना

मूसवी सोफ़े पर उकड़ूँ बैठा दस-बारह दिनों की बढ़ी हुई दाढ़ी खुजला रहा था और बम्बई के ताज़ा साम्प्रदायिक दंगों के बारे में नेताओं के बयानों की फ़ाइल पढ़ रहा था।

बसन्त दादा पाटिल, मुख्यमन्त्री, ने टाइम्स ऑफ इण्डिया के संवाददाता के इस बयान को गलत बताया था कि भिवण्डी में लोग ज़िन्दा जलाए गए। टाइम्स ऑफ इण्डिया के संवाददाता ने कहा कि वसन्त दादा पाटिल झूठ बोल रहे हैं।

भारतीय जनता पार्टी के मंच से कोई बयान नहीं आया।
जनता पार्टी चुप रही।
शिवसेना चुप रही।
पीजेण्ट एण्ड वर्कर्स पार्टी चुप रही।
कांग्रेस (एस) चुप।
कांग्रेस (जे) चुप।
कांग्रेस (आई) चुप।
सी.पी. (एम) चुप।
सी.पी. (आई) चुप।

भारतीय राजनीति चुप के सहरा में खड़ी थी! भारतीय पत्रकार बोल रहे थे।

परन्तु 'टाइम्स ऑफ इण्डिया' जो सदा दुर्घटना पीड़ितों के लिए रिलीफ फण्ड खोलता है उसने जैसे भिवण्डी, थाणे, कल्याण और मुम्बई के दंगा पीड़ितों की सहायता की आवश्यकता ही न महसूस की।

सरकार की तरफ़ से जो थोड़ा-बहुत राहत कार्य किया गया वह मुसलमान नेताओं ने आपस में बाँट लिया...

"भई अल्ला के लिए शेव करो।" सैयदा की आवाज़ आई। मूसवी ने आँखें उठाईं। सैयदा स्टेनलेस स्टील की थाली में भिण्डियाँ लिये उसके

पास आ बैठी और भिण्डियाँ काटने लगी।

"मैं तो दाढ़ी रखने की सोच रहा हूँ।'' मूसवी ने कहा।

"वह क्यों भई!" सैयदा ने उसकी तरफ़ देखे बिना पूछा।

"नहीं, मैं मज़ाक नहीं कर रहा हूँ।" मूसवी ने कहा।

इस बार सैयदा ने छुरी थाली में रख दी और उसकी तरफ़ देखते हुए बोली, "क्या कहा तुमने।"

"वही जो तुमने सुना," मूसवी ने फाइल बन्द कर दी, "और वाहिद का खून पतला है तो होने दो, उसकी मुसलमानी करवा दो।"

"तुम पागल हो गए क्या!"

"नहीं भई," उसने कहा, "मैं जिन्दगी-भर मज़हब और उसके कट्टरपन से लड़ता रहा हूँ। मगर हिन्दुस्तान का दस्तूर मुझे मुसलमान होकर इज़्ज़त से जीने का जो हक़ देता है; मैं इस हक़ को शिवसेना, विश्व हिन्दू परिषद, हिन्दू एकता समिति या भारतीय जनता पार्टी के डर से खोना नहीं चाहता। ज़रा काग़ज़-कलम लाव। दावतनामे का मज़मून बनाऊँ, धूमधाम से सैयद मुहम्मद वाहिद मूसवी की मुसलमानी करवाऊँगा।"

"बड़े आए हैं उसकी मुसलमानी करवानेवाले," सैयदा हत्थे से उखड़ गई, ''आज तक एक बख़्त की नमाज़ पढ़ते तो देखा नहीं। रोज़ा कभी रक्खा नहीं। चले हैं बच्चे की मुसलमानी करवाने।"

"नमाज़-रोज़े को मुसलमानी से क्या लेना-देना है भई। नमाज़-रोज़ा न करूँ तो क्या बच्चे की मुसलमानी भी न करवाऊँ। बिलकुल ही काफिर हो जाऊँ।..."

वह फिर फ़ाइल पढ़ने लगा और गुनगुनाने लगा–

मैं अकेला, अकेला खुदा, बम्बई शहर में
आदमी आदमी से जुदा, बम्बई शहर में
शॉख़े-गुल खुश नहीं, फूल दिलगीर हैं
हर गली, हर गली से ख़फा, बम्बई शहर में
अपनी परछाइयाँ साथ चलती नहीं
सारी परछाइयाँ बेवफ़ा, बम्बई शहर में...

...और सैयदा उसकी हलकी-मीठी गुनगुनाहट के ज़ादूघर में फँसकर यह भी भूल गई कि वह अभी-अभी वहीद की मुसलमानी करवाने की बात कर रहा था...

वह भिण्डी काटना भूल गई और उन दिनों को याद करने लगी जब वह तीन शरीर, प्यारे-प्यारे झगड़ते, शोर करते बच्चों की माँ नहीं थी। जब वह 20 बरस की एक लड़की थी। गोरी रंगतवाली। काली आँखोंवाली। काले बालोंवाली। खिलखिलाके हँसनेवाली। फ़ैज़ अहमद फ़ैज़ की रसिया। स्टूडेण्ट फेडरेशन की मेम्बर। कम्युनिस्ट पार्टी की हमदर्द...और अब्बास मूसवी की आशिक। बाल सँभालती तो हँसी की गिरह खुल जाती और वह सारे आँगन या सारे कमरे या क्लास-रूम या कॉलेज के कारिडॉरों में बिखर जाती।

अब्बास को दरअसल इसी हँसी ने गिरफ़्तार किया था। वह एक मुशायरे में अपनी एक नज़्म सुना रहा था :

अजनबी शहर नहीं है कोई
कौन-सा शहर है वह
जिसमें कभी
चाँद निकला न हो दिलदारी का
कौन-सा शहर है वह जिसके गली-कूचों की दीवारों पर
कोई अफ़साना लिखा ही न गया हो अब तक
जिसके बाज़ारों से सह...

वह यहीं तक पहुँचा था कि हँसी का एक फ़व्वारा छूटा और वह शराबोर हो गया।

उसने सामने देखा।

चौथी कतार में लड़कियों का एक झुण्ड था और उसमें एक लड़की अपनी हँसी रोकने की कोशिश में दुहरी हुई जा रही थी।

वह बेताब हँसी फिर कभी उसके दिमाग़ से निकली ही नहीं। उसे परेशान करती रही जैसे किसी शे'र का पहला मिसरा शायर को तब तक परेशान करता रहता है, जब तक कि दूसरा मिसरा न हो जाए।

उस हँसी का दूसरा मिसरा सुहागरात हाथ आया।

उस रात वह बहुत नर्वस था। सैयदा वीरबहूटी बनी सेज पर बैठी थी तो उसने कहा :

"तुम कहो तो आज उस नज़्म का बाक़ी हिस्सा भी सुना दूँ जो उस मुशायरे में तुम्हारी हँसी की वजह से रह गया था।"

और उसी हँसी का फ़व्वारा फिर छूटा और वह फिर शराबोर हो गया...और उस रात से आज तक वह हँसी उसे शराबोर ही करती चली

आ रही थी।

ऐसा नहीं कि 21 बरस में कभी कहा-सुनी ही न हुई हो। हुई। मगर कहा-सुनी हमेशा कहीं बीच में दम तोड़ देती। एक बार तो मूसवी ने यहाँ तक कह दिया–'कमाल है यार ! तीन बच्चों की माँ हो गईं और अभी तक ठीक से लड़ना तक नहीं आया...' यादों की गलियों में घूमते-घूमते वह जब उस जगह पहुँची तो उसे फिर हँसी आ गई...

"क्या हुआ भई ?"

"तीन बच्चों की माँ हो गई और अभी तक ठीक से लड़ना तक नहीं आया।" सैयदा ने नक़ल की और दोनों हँसने लगे।

"वहीद का ख़त्ना मत करवाव।"

"अरे यार तुम्हारी मर्ज़ी के ख़िलाफ़ कभी कुछ हुआ है इस घर में," मूसवी ने कहा, "मैं तो यूँ ही ज़रा अपनी झल्लाहट उतार रहा था, झल्लाहट में भी एक डायनेमिक वैल्यू ऑफ़ लाइफ है।"

माई डियर की किताबत किए हुए फ़र्मे लेकर अली अकबर कातिब आ गए।

सैयद अली अकबर जाफ़री बिलगिरामी ने झुककर सलाम किया।

"आइए मीर साहब!" मूसवी ने अपने पासवाली कुर्सी को थपथपाया, "यहाँ तशरीफ रखिए।"

अली अकबर ने तशरीफ रख दी।

"नागपाड़े में तो सब ठीक-ठाक है ना ?"

"वहाँ क्या होगा साहब," अली अकबर ने कहा, "हाजी सुलतान और इसमाइल मैमन ने जेल में बैठे-बैठे असलहे तक्सीम करवा दिए और मराठों और पुलिस, दोनों को यह मालूम करवा दिया गया कि अब मुसलमान मरने-मारने पर तैयार हैं और मरनेवाले से तो एक बार मलकुलमौत भी डर जाएँ।" अब अली अकबर ने आवाज़ दबाई और राज़दाराना लहज़े में कहने लगे, "यह भी ख़बर मिली है कि हफ़्ते अश्रे में जनरल साहब की फ़ौजें ख़ास बम्बई में धरी होंगी।"

"अच्छा!"

"ऐ बस रहने भी दीजिए, अकबर साहब!" सैयदा ने कहा, "जनरल साहब की फ़ौजें बम्बई में धरी होंगी। तब तो वह शिवाजी पार्क में तक़रीर भी करेंगे। आप लोगों की यही बात मुझे अच्छी नहीं लगती। हिन्दुस्तान-पाकिस्तान में हाकी का मैच हो तो आप पाकिस्तान के लिए

ताली बजाएँगे और फिर शिकायत करेंगे कि हिन्दू यहाँ हमें जीने नहीं देता।"

"नहीं दुल्हन साहिबा, मैं दरअसल..." अली अकबर हकलाए। अब्बास को सैयदा और अली अकबर की इस नोक-झोंक में कोई दिलचस्पी नहीं थी तो वह किताबत किया हुआ फ़र्मा पढ़ने लगा।

डाक्टर इशरत फ़ारुक़ी प्रसिद्ध आलोचक के लेख के आठ पन्ने थे। शुरू के आठ पन्ने इससे पहलेवाले फ़र्मे में थे तो उनके लेख 'उर्दू अदब और नेशनल इंटिग्रेशन' के शुरू के पन्ने मूसवी के सामने नहीं थे। पर इधर वह यह देख रहा था कि उर्दू आलोचना फिसलकर नीचे गिरी जा रही है। अब कोई लेख मुश्किल ही से ऐसा लिखा जाता है जिसे पूरा पढ़ा जाए। उर्दू आलोचना की अलमारियाँ, आले अहमद सुरूर से अवसरवादी के पाकेट ऐडिशंस से भरी हुई हैं। ग़ालिब पर मुमताज़ हुसैन की किताब के बाद से अब तक कोई महत्त्वपूर्ण किताब नहीं लिखी गई है। वास्तव में उर्दू आलोचना लेखों की आलोचना है जिन्हें लिखने में पित्ता नहीं मारना पड़ता–याददाश्त से काम चल जाता है और शायद यही कारण है कि उर्दू आलोचना काव्य-आलोचना ज़्यादा है और साहित्य-आलोचना कम। वही तीन-चार सौ शे'र हैं जिन्हें हर आलोचक घुमा-फिराके अपने लेखो-बदन पर यहाँ-वहाँ ठोंकता रहता है। मानो शे'र न हों सलीब की मेखें हों जिन पर लेखों के मसीह टाँगे जाते हैं।

अब कहने को तो यह डा. इशरत फ़ारुक़ी साहित्य के आचार्य हैं पर नेशनल इंटिग्रेशन का अर्थ हिन्दू-मुस्लिम एकता समझते हैं। राष्ट्रीय समाकलन को धर्म से क्या लेना-देना। हसरत मोहानी ने श्रीकृष्ण पर चार कविताएँ लिख दीं। चक़बस्त ने एक मरसिया लिख दिया। किसी ने क़सीदे में यही कह दिया कि–

सिम्ते काशी से चला जानिबे मथुरा बादल।

किसी मर्सिए में आ गया कि 'फूल वह जो महेसर चढ़े'। किसी नज़ीर अकबराबादी ने होली, दीवाली पर कविताएँ लिख दीं और नेशनल इंटिग्रेशन हो गया। अरे भाई जो नेशनल इंटिग्रेशन हो गया तो अभी भिवण्डी, थाणे, कल्याण और आमची मुम्बई में दंगे क्यों हुए?

नेशनल डिसइंटिग्रेशन की जड़ें कोई देश की आर्थिक बदहाली में नहीं ढूँढ़ता। नेशनल डिसइंटिग्रेशन की जड़ों को इस राजनीतिक स्थिति में नहीं ढूँढ़ता कि हमारे लोकतन्त्र में आज तक ऐसी सरकार नहीं बनी

है जिसे मतदाताओं के बहुमत का सहयोग प्राप्त हो और जो धर्म, जातिवाद और क्षेत्रवाद के नाम पर न बनी हो। चुनाव के पोस्टर तो झूठे हैं जो एकता की बात करते हैं। वोट तो रात के अँधेरे में माँगे जाते हैं–बस्तियाँ जलाने की धमकी देकर। गुण्डों की छत्र-छाया में। जाति और धर्म के नाम पर। इन्हीं आधारों पर केंडिडेट चुने जाते हैं और इन्हीं आधारों पर वह जीतते या हारते हैं।

आज़ादी के बाद जो असन्तोष का नया मौसम आया वह अभी तक ख़त्म नहीं हुआ। निकट भविष्य में ख़त्म होता दिखाई भी नहीं दे रहा है–

और डाक्टर इशरत फ़ारुक़ी 'उर्दू अदब में नेशनल इंटिग्रेशन' का आईना लिये घूम रहे हैं।

मूसवी के मुँह का मज़ा ख़राब हो गया इसीलिए अब उसने लेख के आख़िर में सैयद अली अकबर जाफ़री के हस्ताक्षर देखे तो भड़क उठा। अली अकबर ने 'जवाहर क़लम अली अकबर जाफ़री' लिखा था।

"अरे भाई अली अकबर साहब!" उसने कहा, "आप तो लगता है कि जवाहर क़लम बनने के लिए ज़र्रीक़लम के क़त्ल का इन्तज़ार कर रहे थे।"

सैयदा घबरा गई। उसने मूसवी को इतना कड़वा कभी नहीं पाया था।

अली अकबर भी हकलाने लगे।

"यह निहायत बेहूदा बात है।" मूसवी तेज़ खंजर की तरह अली अकबर के आत्माभिमान के सीने में उतर गया।

उसने वह फ़र्मा अली अकबर को यह कहकर लौटा दिया कि वह 'जवाहर क़लम' काट दें।

अली अकबर मुँह लटकाए चले गए।

"तुमने बिचारे अकबर साहब को क्यों झिंझोड़ खाया ?"

"दाँतों में खुजली हो रही थी," अब्बास ने जवाब दिया, "हम अपने हालात के क़ैदी हैं सैयदा! क़ैदी होने का मतलब यह नहीं कि हम मजबूर हैं क्योंकि इंसान ने जब से होश सँभाला है, ज़ंजीरों को तोड़ता चला आ रहा है। हमारे ज़माने के इंसान की ट्रेजेडी यह है कि उसने मान-सा लिया है कि यह ज़ंजीरें उससे नहीं टूटेंगी। ग़ालिब ने ठीक कहा था– 'ग़ैर क्या, खुद मुझे नफ़रत मेरी औक़ात से है। मैं अपने ख़्यालों से आँख

मिलाते डरने लगा हूँ क्योंकि उनकी आँखों में छोटी-बड़ी अनगिनत शिकायतें हैं। वह पूछते हैं : हमें देखा ही क्यों था ? और मेरे पास उनके इस सवाल का कोई जवाब नहीं है'..."

सैयदा सन्नाटे में थी। चुपचाप सुन रही थी। उसे पता नहीं था कि उसका प्रियतम, उसका पति, इतना घायल है।

"वहीद का ख़त्ना करवा डालो।" उसने बहुत देर के बाद कहा।

"वहीद का ख़त्ना मेरी झल्लाहट का इज़हार है सैयदा," उसने सैयदा की गोद में सर रख दिया, "किसी सवाल का जवाब नहीं है। हम तमाम लोग सवालों के जंगल में अकेले हो गए हैं और रास्ता भूल गए हैं...!"

सैयदा उसके धूप में जले हुए बालों को अपनी ओस की उँगलियों से सुलझाती रही...या अल्लाह! अब्बास की आवाज़ पर कड़वाहट और पराजय की यह धूल न जमने दे...फ़ात्मा, माज़िद और वाहिद को मैं कड़वाहट का यह ज़हर चटाकर पालना नहीं चाहती। मुझे सन्त जरनैल सिंह भिण्डरावालों, सरदार खुशवन्त सिंहों, बाल ठाकरों, बनातवालों, शाही इमामों या देवरसों से क्या लेना-देना। मुझे तो अपने घर के नीचे से बहनेवाली गंगा न कभी हिन्दू लगी न मुसलमान। मुझे हरिशंकरीवाला बूढ़ा मन्दिर कभी भी कट्टर हिन्दू नहीं दिखाई दिया। मुझे घर के पिछवाड़ी जिनों की मस्ज़िद ने कभी कुरान नहीं सुनाया। फिर भी केदार हिन्दू-मुसलमान दंगे में मारे गए। मुस्लिम लीग के कट्टर विरोधी, हिन्दी में शायरी करनेवाले, सिटी हायर सेकेण्डरी स्कूल में विद्यार्थियों को सूर, तुलसी और मीरा पढ़ानेवाले अली हैदर भाई हिन्दू-मुसलमान दंगे में मारे गए। सुलेमान चा मुसलमान गुण्डों को हथियार बाँटते पकड़े गए...यह सब क्या हो रहा है। आख़िर मतलब क्या है इन बातों का। हमारी पहचानें, परछाइयों के इस जंगल में कहाँ भटक रही हैं परवरदिगार...

सवाल, सवाल और सवाल...

अल्लाह !

भगवान !

ख़ुदा बाप !

वाहे गुरु !

सब कैज़ुअल लीव पर हैं। या शायद सिक लीव पर।

कुशलता, ख़ैरियत, वैल बीईंग अक्षरों का एक जाल। अर्थहीन।

बेमानी! सूरज भी जैसे मुँह लपेटकर अँधेरे की किसी खाई में पड़ गया है। और–

चाँद भी बैठ रहा जाके किसी गोशए तनहाई में।

"वाह वाह वाह..." ड्राइंगरूम से तारीफ़ का एक रेला आया। इस शोर में फ़ात्मा की उन्नीस बरस की हँसी की चाँदी घुली हुई। अब्बास कहा करता था कि फ़ात्मा को अल्लाह मियाँ ने सैयदा की हँसी का डुपलिकेट दे दिया है। इसीलिए फ़ात्मा की हँसी सुनकर उसे एक बड़ी खुदगरज़-सी खुशी हुआ करती थी। अच्छा तो यह मैं हँस रही हूँ।

"अब्बू!" बच्चों की आवाज़ आई और सैयदा, चालीस बरस की सैयदा, तीन बच्चों की माँ सैयदा सोने के कमरे से ड्राइंगरूम की तरफ़ नंगे पाँव यूँ भागी जैसे बच्चे कोई बारात देखने के लिए दरवाज़े या छत की तरफ़ भागते हैं।

फ़ात्मा उसे देखकर सोफ़े से कालीन पर उतर आई। वह बैठ गई। वहीद उसकी गोद में घुसड़ गया।

मूसवी कह रहा था–"साहिबे शे'र कहने को जी नहीं चाहता। वजह बताऊँगा तो बिचारे बम्बई टी.वी. वाले मुसीबत में फँस जाएँगे।"

बम्बई दूरदर्शन ने यह मुशायरा इसलिए किया है ताकि उसके नाज़िरीन को यह यक़ीन दिला दिया जाए कि बम्बई ज़िन्दा है और ख़ैरियत से है। इसलिए नज़्म का उनवान है–कलकत्ता मर रहा है। मैं इस छोटी-सी बेईमानी के लिए क्षमा चाहता हूँ। कलकत्ते के मरने की ख़बर ज़रा बाद की है।

न जाने कौन-सा अखबार था वह
किसी नेता का एक भाषण छपा था
कि कलकत्ता तो कबका मर चुका है
कि शायद मर रहा है
मुझे मिलता जो वह नेता,
तो उससे पूछता इतना
कि भैया यह बता दो
कि इस हिन्दूस्तां
जन्नत निशाँ में
कोई ज़िन्दा नगर
बस्ती,

मुहल्ला
किस तरफ़ है ?
जिसे हिन्दूस्तां कहते हैं हम सब
वह हिन्दूस्तां नहीं है
वह मुर्दा बस्तियों का एक क़ब्रिस्तान है अब
वह एक श्मशान है अब।

सण्डे मैगज़ीनों में जब समीक्षकों ने इस मुशायरे की बात की तो अब्बास मूसवी पर सबका नज़ला गिरा।

कि उसकी काव्य-शैली का रस सूख गया है। उसके शब्द अब केवल शब्द हैं जबकि काव्य-कला का आधार शब्द नहीं चिह्न है!

कि उसकी कड़वाहट उसकी थकन और हार का प्रतीक है।

"यह 'प्रतीक' क्या होता है?" सैयदा ने पूछा।

"सिम्बल माई डियर, सिम्बल।" फ़ात्मा ने रिकार्ड-प्लेयर पर माइकल जैक्सन का कोई रिकार्ड लगाते हुए कहा।

"और 'सिम्बल' क्या होता है?" यह मूसवी ने पूछा।

"प्रतीक माई डियर, अब्बू! प्रतीक!" माज़िद ने 'स्पोर्ट्स एण्ड पास टाइम' में गावस्कर की तस्वीर को गुस्से से पलटते हुए कहा, "अब्बू मुझे यह गवासकर बिलकुल अच्छा नहीं लगता।" और उसने अपने ट्रांजिस्टर का वॉल्यूम ज़रा बढ़ा दिया।

"क्यों भई?"

"ही इज़ अनस्पोर्टिंग!"

"इतना तो अच्छा खेलता है।" वाहिद ने कहा।

"उसको अब ओपिन नहीं करना चाहिए," फ़ात्मा ने एक विशेषज्ञा की तरह अपना फैसला सुना दिया, "वह ज़रा स्लो हो गया है। आफ्टर आल एज़ इज़ टैलिंग अपॉन हिम।"

"अरे फ़ात्मा," सैयदा किचन से ड्राइंगरूम में आते हुए बोली, "मैं तुम्हें बताना भूल गई थी। सैण्डी का फ़ोन आया था।" उसने खाने की मेज़ पर चाय की केतली रखते हुए कहा, "पर नाश्ता करने के बाद फ़ोन करना क्योंकि तुम तो चिपक जाती हो फ़ोन से।" यह कहती हुई वह किचन में चली गई और फ़ात्मा ने लपकके सैण्डी का नम्बर डायल किया !

"हाय सैण्डी...तुमने फ़ोन किया था ? ओह कम ऑन यार...प्लीज़

माज़िद!" वह चीखी, "यह म्युज़िक बन्द करो।"

"देखा अब्बू," माज़िद ने बाप से गिला किया, "रिकार्ड खुद लगाके गई थी और चिल्ला रही है मुझ पर!" उसने अपने ट्रांजिस्टर से कान हटाया, जिस पर बड़े गुलाम अली खाँ की ठुमरी सुन रहा था–

रात अँधेरी डर लागे...

और वाहिद टहल-टहलकर अपनी तक़रीर याद कर रहा था। वह कल अपनी क्लास की डिबेट में करनेवाला था।

"मिस्टर प्रेसिडेण्ट, सर
एवरीबडी नीड्स ए गौड
एण्ड ए मदर...मिस्टर प्रेसिडेण्ट,
सर एवरीबडी नीड्स ए गौड एण्ड
ए मदर...गौड इज़ वर्शिप्ड
मदर्स आर लव्ड,
आई वर्शिप माई गौड एण्ड लव
माई मदर...मिस्टर प्रेसिडेण्ट, सर
.........."

कमरा आवाज़ों का एक जंगल था। माइकेल जैक्सन का गाना। बड़े गुलाम अली खाँ की ठुमरी, वाहिद की तक़रीरें और टेलीफोन पर सैण्डी से फ़ात्मा की बात।

अब्बास इस जंगल की मीठी, प्यार करनेवाली खनकती, बजती हुई हवा खा रहा था और सैयदा को देखे जा रहा था जो किचन से डाइनिंग टेबिल तक लगातार यात्रा कर रही थी और नाश्ता लगा रही थी...

"...नो यार, प्रदीप तो बड़ा सीधा है। दैट विच मीनू कपाडिया उस बिचारे की लैगपुलिंग कर रही है...शी वाज़ मोर लाइक ए ब्यूटी क्वीन,...फ्रौम ए मूवी सीन...

"आई सैड आई डोण्ट माइंड बट व्हाट डू यू मीन ?"

"रात अँधेरी डर लागे..."

"एवरीबडी नीड्स ए गौड

"एण्ड ए मदर..."

"और फ़ादर के बारे में क्या ख़याल है जनाब?" मूसवी ने पूछा।

सैयदा जो फ़ात्मा का आमलेट, माज़िद के तले हुए अण्डे और

वाहिद के भीगे हुए चने लेकर आई थी, हँस पड़ी।

"जल गए," वह चीज़ें रखने लगी, "अल्लाह के बाद माँ ही लाजवाब है मिस्टर!"

सैण्डी की कोई बात सुनकर फ़ात्मा ज़ोर से हँसी, "डोण्ट टैल मी, यार ! वह हल्क क्या उस मिस मैचस्टिक से रीअली लव कर रहा है। वेरी स्ट्रेंज कपुल यार..."

इस बीच में वाहिद आकर मूसवी की गोद में घुसड़ गया और कान में बोला, "यह जो हमारी मदर सुपीरियर हैं न अब्बू, फ़ादरों से जलती हैं। फ़ादर रोड्रिक्स तक से। उससे कोई मैरेज नहीं करता ना।"

मूसवी बेसाख्ता हँस पड़ा।

"अच्छा हँसना बाद में।"

सैयदा शोर के ऊपर चढ़कर बोली, "अरे इस म्युज़िक पर अल्लाह की मार हो।" उसने म्युज़िक-सिस्टम बन्द किया और फिर माज़िद के हाथ से ट्रांजिस्टर छीनके बन्द कर दिया। फिर उसने फ़ात्मा के हाथ से रिसीवर छीन लिया और बोली, "सैण्डी, शी विल रिंग यू बैक डार्लिंग।" फिर उसने फ़ात्मा को डाइनिंग टेबिल की तरफ़ धक्का दिया, "टेलीफ़ोन पर तुम लोग इतनी-इतनी देर तक बातें कर कैसे लेते हो। चलो नाश्ता करो..."

"लीजिए वाहिद साहब," मूसवी ने अँखुएदार चनों का प्याला वाहिद की तरफ़ बढ़ाया, "सेहत बनाइए...।"

"अब्बू, आई प्रोटेस्ट..." फ़ात्मा ने बैठते हुए कहा।

"अब्बू के साथ आई प्रोटेस्ट अच्छा नहीं लगता," मूसवी ने कहा, "वैसे अंग्रेज़ी बहुत बड़ी जुबान है...।"

वाहिद ने अपनी ज़बान दिखाई और पूछा, "इससे भी बड़ी ?''

सब लोग हँसने लगे। परन्तु अपने ख़याल में वाहिद ने बहुत गम्भीर प्रश्न किया था तो वह बड़ी गम्भीरता के साथ चने में लेमू निचोड़ने में लग गया था।

"लो भई खुश हो जा," मूसवी ने दरवाज़े तक आकर 'टाइम्स आफ इण्डिया' उठाकर उसकी हेड लाइन देखते हुए कहा, "तुम्हारी मिसेज़ गांधी ने तो ऐलान कर दिया कि हिन्दुस्तान में रीजनलइज़्म और कम्युनलइज़्म के लिए कोई जगह नहीं है।'' वह अपनी कुर्सी पर आ बैठा, "तो अब हिन्दुस्तान सेकुलर हो गया।"

"तुम तो जलते हो मिसेज़ गांधी से," सैयदा बोली, "पर हिन्दुस्तानी मुसलमान मिसेज़ गांधी के साथ न जाएँ तो किसके साथ जाएँ ?"

"अब्बू!" वाहिद बोला, "कल मैं स्कूल में पी-पी कर रहा था तो वह जो मेरा फ्रेण्ड गुलाटी है ना, वह आ गया और उसने मेरी पीपी देख ली। बोला, 'तुम्हारी पीपी तो हमारी जैसी है। हिन्दू...' क्या मेरी पीपी हिन्दू है?"

"नहीं बेटे!" मूसवी ने बड़ी गम्भीरता से कहा, "पीपियाँ हिन्दू-मुसलमान नहीं होतीं।"

"फ़ात्मा के सामने ऐसी बात करते शर्म नहीं आती।" सैयदा बरसी।

"अगर तुम फ़ात्मा के साथ वह हिन्दी फ़िल्में देखते नहीं शर्मातीं जिनमें एक-आध रेप ज़रूर होता है और दुहरे मतलबवाले गन्दे डायलॉग बोले जाते हैं तो मैं वाहिद से..."

"अच्छा-अच्छा ठीक है," सैयदा ने बात काटी, "नाश्ता करो।"

वह लोग नाश्ता करने लगे।

कि दरवाज़े की घण्टी बजी।

"मैं देखता हूँ।" मूसवी ने उठते हुए कहा।

"यह राम मोहन तो बाज़ार जाकर वहीं का हो जाता है।" फ़ात्मा बड़बड़ाई।

मूसवी ने दरवाज़ा खोला।

धर्माधिकारी अन्दर आया।

"आज तो कमाल हो गया भाई। नमस्ते भाभीजी। पंजाब में अकालियों ने कल न किसी हिन्दू को मारा न किसी निरंकारी को।"

"हिन्दुस्तान के हिन्दुओं ने कल किसी मुसलमान को भी नहीं मारा। धर्माधिकारी अंकल आज का पेपर बिलकुल ड्राईक्लींड आया है।"

धर्माधिकारी ज़ोर से हँसा और मेज़ की तरफ़ आते हुए बोला, "चोट कर गई बिटिया।" वह एक कुरसी पर बैठ गया, "एक चाय मिलेगी भाभीजी!"

"भई तुम मुझे 'जी' न कहा करो," सैयदा ने झल्लाकर कहा, "गांधीजी, मोरारजी और भाभीजी, कोई बात हुई!"

"अंकल," वाहिद ने कहा, "क्या हिन्दूज़ एण्ड मुसलिम्ज़ की पीपीज़ अलग- अलग होती हैं।"

धर्माधिकारी चकरा गया। माज़िद ने वाहिद को ज़ोर से कुहनी मारी :

"ईडियट!"

"आप खुद ईडियट।" वाहिद ने कहा।

उस घर में वाहिद की मान-जान ज़रा ज़्यादा थी कि वह तेरह बरस का ग़च्चा देकर बिना नोटिस दिए आ गया था।

सैयदा तो उसके पेट में आने से इतना शर्मायी थी कि फ़ात्मा और माज़िद से आँख नहीं मिला पाती थी और यह दोनों उसके शर्माने का मज़ा लिया करते थे।

पेट छिपाते-छिपाते सैयदा का बुरा हाल हो गया था। फ़ात्मा जब उसके पास बैठती कोई-न-कोई मौका निकालकर उसके पेट को चूम लिया करती। माज़िद आता तो उसके पेट को सहलाने लगता, वह उसके हाथ को हटाते-हटाते–माज़िद को ढकेलते-ढकेलते थक गई थी।

दिन-भर का सारा गुस्सा वह अब्बास पर उतारा करती थी। वह हज़ार बार कह चुकी थी कि यह बच्चा गिरा दिया जाए पर अब्बास नहीं मानता।

"क्या बात करती हो यार," वह कहता, "दो ही बच्चे रहे तो हम फैमिली प्लानिंगवालों का इश्तिहार होकर रह जाएँगे। और यूँ भी जैसे कार में स्टेपनी होती है ना, एक बच्चा सरप्लस रहे तो अच्छा ही है। क्या पता हम दोनों के अरमानों के लिए दो बच्चे कम ही पड़ जाएँ..."

ज़ाहिर है कि ऐसी बातें सुनकर वह हँस पड़ा करती थी...

चुनाँचे एक रात साढ़े तीन बजे सैयद मुहम्मद वाहिद मूसवी साहब पैदा हो गए।

उसी रात, कोई घण्टा-भर बाद, उसी अस्पताल में धर्माधिकारी की पहली बच्ची भी पैदा हुई जिसका नाम अब्बास के सुझाव पर स्वाति रक्खा गया।

धर्माधिकारी चूँकि पहली-पहली बार बाप बन रहा था इसलिए उसके हाथ-पाँव ज़रा फूले हुए थे। अब्बास चूँकि दो बार बाप बनने की घबराहट का मज़ा चख चुका था, इसलिए वह धर्माधिकारी को ढाढ़स बँधा रहा था...

और यूँ धर्माधिकारी और अब्बास की दोस्ती शुरू हुई थी।

धर्माधिकारी पेशे के एतबार से पत्रकार और विचारधारा के एतबार से प्रगतिशील था। पर वह प्रगतिशीलता को सी.पी.(एम) या सी.पी.(आई) का दुमछल्ला मानने पर तैयार नहीं था। इसीलिए जब प्रगतिशील लेखक संघ के मुर्दे में तीसरी बार जान डालने का प्रयत्न शुरू किया गया तो इस शुभकार्य का मुहूर्त धर्माधिकारी को प्रगतिशील लेखक संघ से निकालकर किया गया।

"इन नम्बर दो के प्रगतिशीलों से भगवान ही लिटरेचर को बचाए तो बचाए। शिकायत तो मुझे कैफ़ी साहब से है। अपने नौकरों की माँ-बहन एक करनेवाले मज़रूह साहब तो प्रगतिशील और मैं टाट बाहर !"

"मज़रूह नहीं," अब्बास बोला, "मजरूह, ज के नीचे बिन्दी नहीं।"

"सुना है कि सरदार ज़ाफरी कोई महाकाव्य लिख रहे हैं।" धर्माधिकारी ने जलके जाफ़री के 'ज' के नीचे बिन्दी ठोंक दी और अब्बास को घूरने लगा।

पर अब्बास मुस्कुराके चुप रह गया क्योंकि नम्बर दो के प्रगतिशीलों को वह भी भुगते बैठा हुआ था।

"क़लम साफ़ करते नहीं, बन्दूकों की सफ़ाई में लगे रहते हैं।" धर्माधिकारी का ताव अभी उतरा नहीं था।

"यार बको मत," मूसवी ने कहा, "मजरूह साहब बन्दूकें साफ़ करते रहने के सिवा अच्छे और साफ़-सुथरे शे'र भी कहते हैं। टाँडे की जामदानी में मेहनत देखो यार। उनका एक-एक लफ़्ज जामदानी की बूटी की तरह होता है। नाज़ुक, साफ़ और अपने आप पर भरोसा रखनेवाला।"

"सुना है आजकल इंगलिश पढ़ना और बोलना सीख रहे हैं।"

मूसवी हँस पड़ा।

"हाँ, एक दिन मैं गया तो दास्तॉव्स्की पढ़ रहे थे, बगल में डिक्शनरी रक्खे हुए...और इंगलिश बोल भी रहे थे। 'आई तो बेटा मार्क्सिस्ट हूँ,' वाली अँगरेजी।"

धर्माधिकारी खिलखिलाकर हँस पड़ा...।

"आज बहुत दिनों बाद मजरूह साहब से मिलना हो गया," धर्माधिकारी ने सैयदा से चाय की प्याली लेते हुए कहा, "बहुत खफा थे सरकार से। बोले–'इट इज़ नॉट डन धर्माधिकारी। भैया, मैं तो

राजपूत हूँ। मेरा तो खून खौल जाता है। बड़े-बड़े लेफ्टिस्टों को देख लिया, जिसकी दुम उठाओ, वही मादा। और मुझे तो दरअसल मिसेज़ गांधी पर गुस्सा आ रहा है।' उनके साथ सूरत-शक्ल से प्रोग्रेसिव लगनेवाले कोई साहब भी थे। वह बोले–'और क्या! अगर सऊदी अरब की फ़ौज ख़ानए-क़ाबा में घुस सकती है तो हमारी फ़ौज गोलडन टेमपल में क्यों नहीं घुस सकती...' तो मैंने कहा–'मिसेज गांधी शायद आपकी राय ही का इन्तज़ार कर रही हों। अब आपने राय दे दी तो स्वर्ण मन्दिर में फ़ौजें जरूर उतार देंगी।"

अब्बास खिलखिलाके हँस पड़ा।

"अंकल, मेरे सवाल का जवाब तो दीजिए।"

वाहिद उन सबको हिन्दू-मुसलमान पीपियों तक घसीट लाया, "जब मैं मुसलिम हूँ तो मेरी पीपी मुसलिम क्यों नहीं है..."

वाहिद की चार, साढ़े-चार बरस की समझ वहीं टिक गई थी।

फ़ात्मा मुँह बनाकर मेज़ से हट गई।

"नाश्ता तो कर लो।" सैयदा ने कहा।

"इसका सवाल ख़त्म हो जाने दीजिए," फ़ात्मा ने कहा, "वलगर। गन्दा।"

"जी हाँ," वाहिद चमका, "और आप जो उस दिन रवि भाई को किस दे रही थीं, वह कुछ नहीं।''

कमरे में सन्नाटा छा गया। वाहिद अपने अँखुएदार चने खाने लगा। धर्माधिकारी अपनी जेब में सिगरेट ढूँढ़ने लगा जो कभी उसकी जेब में होती ही नहीं। मूसवी ने अख़बार उठा लिया। सैयदा ने फ़ात्मा को गुस्से से देखा...

अब्बास गुस्से-भरी उस निगाह का मतलब समझके उदास हो गया। वह जानता था कि सैयदा चुम्बन पर नहीं ख़फा थी, रवि पर ख़फा थी...

यही सैयदा माज़िद को संगीता का नाम लेकर छेड़ा करती थी। संगीता की बड़ी ख़ातिर भी करती। एक बार बंगलौर गई तो संगीता के लिए ख़ास तौर पर प्योर सिल्क का शलवार-कमीज के सूट का कपड़ा लाई।

और एक दिन जब उसने माज़िद और संगीता को नेकिंग करते देखा तो घबरा के दरवाज़ा बन्द कर दिया।

"तुम पर अल्ला की मार हो माज़िद! अरे, बेशरम दरवाज़ा तो बन्द कर लिया होता।"

रवि और संगीता भाई-बहन थे। पासवाली 'सागर दर्शन कोऑपरेटिव हाउसिंग सोसायटी' के तीसरे माले पर विष्णु महरोत्रा का ओनरशिप फ़्लैट था। 1500 स्क्वायर फीट का। तीन बेडरूम, एक गेस्टरूम। चारों कमरों के साथ अटेच्ड बाथरूम! तीन टेलीफ़ोन, एक नौकर, एक कटका करनेवाली बाई, एक बरतन माँजनेवाली बाई (यह दोनों दो घण्टे रोज़ काम करती थीं)। फिर एक शफ़ी ड्राइवर। दो कारें। एक कार शफ़ी चलाता और दूसरी को रवि या कभी-कभी संगीता। महरोत्राजी ने घूस खिलाके संगीता का ड्राइविंग लाइसेंस 'निकलवा' दिया था।

कांग्रेस में विष्णुजी की यह तीसरी पीढ़ी थी। उनके दादा श्रीकृष्ण महरोत्रा स्वर्गीय रफ़ी अहमद क़िदवई के साथियों में थे। कई बार जेल जा चुके थे। विष्णुजी का फ़ैमिली अलबम राष्ट्रीय इतिहास की कोई किताब लगता था।

दादाजी गांधीजी के साथ।

यह पण्डितजी, किदवई दादा, जयप्रकाश नारायणजी और दादाजी।

दादाजी आचार्य नरेन्द्र देव के साथ।

पिताजी, डॉ. लोहिया, अरुणा आसिफ अली।

और यह देखिए मज़े का ग्रुप।

यह हैं श्रीमती कमला नेहरू, यह हैं श्रीमती विजयलक्ष्मी पण्डित और कमलाजी के पास जो गुड़िया खड़ी है, यह हैं प्रियदर्शिनी इन्दिरा गांधी। यह मेरी माँ। यह मेरी बुआ। कमलाजी इन्हें सुभद्रा बहन पुकारा करती थीं। यह हैं अनीसा क़िदवई, यही रहीं सुभद्रा जोशी। और यह श्रीमान जो सर घुटाए चौकी पर बैठे हैं, यह मैं हूँ। मेरे मुण्डन पर यह भीड़ लगी थी।

यह लड़का भी मैं ही हूँ, जिसे बापू आशीर्वाद दे रहे हैं। दादाजी मुझे ख़ास तौर से इस आशीर्वाद के लिए वर्धा ले गए थे।

बी.सी. राय, सी. राजगोपालाचारी, अब्दुल गफ़्फ़ार ख़ान, आचार्य कृपलानी, पुरुषोत्तम दास टण्डन, शेख़ अब्दुल्लाह, पण्डित मदन मोहन मालवीय, सरोजिनी नायडू, सुभाषचन्द्र बोस, मुहम्मद अली ज़िन्ना... गरज कि कौन था जो उस अलबम में नहीं था।

और उनके पिता श्री ओमकारनाथ महरोत्रा तो तीसरी संसद में

सहायक गृहमन्त्री भी रह चुके थे।

परन्तु जब कांग्रेस में अक्षरों के दुमछल्ले लगने लगे तो श्री ओम्कारनाथ मिसेज़ गांधी के साथ कांग्रेस से निकलकर कांग्रेस (आई) में नहीं गए। वह पुरानी बल्कि असली कांग्रेस में डटे रहे।

परिणाम?

संसद के चुनाव में कांग्रेस के टिकट पर हमेशा की तरह चुनाव लड़े, पर जमानत ज़ब्त हो गई।

पर वह फिर भी कांग्रेस ही में डटे रहे। चरणसिंह या बहुगुणा की तरह न उन्होंने दल बदला, न कांग्रेस ही छोड़ी। अब भी मोरारजी देसाई बात-बात में उनसे राय-मशविरा करते हैं।

परन्तु विष्णुजी बेचारे कारोबारी झंझटों और मजबूरियों के कारण श्रीमती गांधी के साथ कांग्रेस से निकले और कांग्रेस (आई) में जम गए।

परिणाम ?

कारोबार ने दिन दूनी, रात चौगुनी तरक़्की की। जब चाहें मुख्यमन्त्री के घर हो आएँ।

और जब संजय गांधी का सूर्य उदय हुआ तो सत्तावन बरस चार महीने की उम्र में वह यूथ कांग्रेस के नेता हो गए।

कहने का मतलब यह कि उनके घर में सेकुलरइज़्म की परम्परा चली आ रही थी। उनकी पत्नी श्रीमती फूलमणि देवी भी बड़ी कट्टर सेकुलर थीं। सिर्फ़ हरिजनों और मुसलमानों के हाथ का छुआ नहीं खाती थीं और इधर चार-पाँच साल से हर शुक्रवार को सन्तोषी माँ का व्रत भी रखने लगी थीं...

पर घर में चूँकि बातें सदा ही सेकुलरइज़्म की होती थीं, इसलिए संगीता और रवि पर साम्प्रदायिकता का साया नहीं पड़ा था। बल्कि सच्ची बात तो यह है कि गोमांस खाने के चक्कर में तो माज़िद और रवि की दोस्ती हुई थी।

यह तो उसे बहुत बाद में पता चला कि अब्बास के घर में तो गोमांस खाया ही नहीं जाता। पर तब तक उसे फ़ात्मा से और संगीता को माज़िद से प्यार हो चुका था। रवि और संगीता को अपने पिता विष्णु महरोत्रा की धर्मनिरपेक्षता पर तो अटल भरोसा था पर वह अपनी माँ की तरफ़ से डरे हुए थे। छूतछात माननेवाली कान्ता महरोत्रा भला

एक मुसलमान बहू और एक मुसलमान दामाद को कैसे सहन करेंगी।

परन्तु फ़ात्मा और माजिद को इस तरह का कोई डर नहीं था। सलमा फूफी हिन्दू से शादी किए बैठी हैं। बहाउद्दीन चा वाले मुरतुज़ा भाई एक सिखनी ब्याह लाए हैं। अली असगर मामूवाली ममानी बंगालन हैं। उनके घर में धर्म ही नहीं था तो धर्मनिरपेक्षता की ज़रूरत ही नहीं महसूस होती...

हाय यह बच्चे।

यह अपने बुजुर्गों को कितना कम जानते हैं।

उस दिन रवि-फ़ात्मा चुम्बनवाली बात पल-भर तो खाने की मेज़ पर धूल के धब्बे की तरह रही, फिर जैसे हवा धूल के उस धब्बे को उड़ा ले गई। नाश्ते की मेज़ पर पुरानी चहल-पहल लौट आई।

राम मोहन की पत्नी कौशल्याजी, बगल में बच्चा दाबे राम मोहन के साथ आईं और आन की आन में मेज़ साफ़ हो गया। पर वह बिचारी सैयदा के दिल से चुम्बन का घाव न साफ़ कर पाईं।

अब्बास मूसवी ने यही मुनासिब जाना कि घर से निकल ही लिया जाए तो वह धर्माधिकारी के साथ निकल गया।

माज़िद अलबत्ता माँ के मूड पर हैरान था।

"ओह कम-आन अम्मा !" उसने कहा, "यह बीसवीं सदी का, आलमोस्ट, एण्ड है मदर। एक किस में क्या रखा है।"

"किस में कुछ रखा कैसे नहीं है।" सैयदा ने उसे झिड़क दिया, "ख़ानदान की इज़्ज़त रखी है।"

"व्हाट इज़्ज़त मदर!" माज़िद ने कहा, "चुम्मा क्या कोई अलमारी या सूटकेस है कि उसमें घर की इज़्ज़त तह करके रक्खी हुई थी।"

"फ़ज़ूल बकवास मत करो जी," सैयदा ने कहा, "और उस कम्बख्त को मुँह चुमवाने के लिए वह एक हिन्दू ही मिला।"

"ओ हो हो," माज़िद ने मेज़ पर हाथ मारा, "तो बिन्दु यहाँ विश्राम करता है।" उसने माँ के हाथ पर हाथ रख दिया, "सिस्टर उसे बहुत चाहती है मदर!"

"आग लगे उसकी चाहत में..."

उसका हाथ परे हटाते हुए सैयदा उठी और अपने कमरे में चली गई।

माज़िद ने अब एक सिगरेट सुलगाई। सैयदा और अब्बास, दोनों

को पता था कि वह सिगरेट पीता है। खुद माज़िद भी यह जानता था कि माता-पिता को इसकी ख़बर है। अब्बास तो कभी-कभार गई रात को सिगरेट की तलाश में उसके कमरे में आकर एक-आध सिगरेट निकाल भी ले जाया करता था। पर वह माता-पिता के सामने सिगरेट नहीं पीता था। आज भी जो बात इतनी गम्भीर न हो गई होती तो शायद सिगरेट पीने के लिए वह कब का अपने कमरे में जा चुका होता।

सिगरेट के दो-एक लम्बे कश सूँतने के बाद वह अपने कमरे की तरफ़ चला गया।

वास्तव में वह कमरा माज़िद और फ़ात्मा दोनों का था। फ़ात्मा का हिस्सा सलीके से साफ़-सुथरा रहा करता था और उसका हिस्सा उसी की तरह बेपरवा।

राम मोहन कह रहा था, "दुलहिन त बिलकुल ठीकै खफ़ा भयी हैं। देखा बहनजी, अँगरेजी पढ़ाई और चीज है। मुदा धरम ? ऊ बिलकुले दुसरी चीज है। पढ़ाई अँगरेज की औ धरमे अपनो-अपनो।"

"तुम चुप रहोगे कि नहीं राम मोहन।" फ़ात्मा बरस पड़ी। माज़िद पर निगाह पड़ गई, "देख रहे हो कब से दिमाग़ चाटे जा रहा है।"

"अरे तोरा दिमाग कोई मलाई बरफ या फिरनी नहीं है कि हम ओके चाटेंगे," राम मोहन भी बरस पड़ा, "क़ायदे की बात समझा रहें तो खौखियाए लगती है।" राम मोहन अपने बदन से नमक झाड़ता हुआ कमरे से निकल गया।

"इस वाहिद के तो मैं टुकड़े उड़ा दूँगी।"

"ओह सिस्टर!" वह फ़ात्मा के साथ लेट गया।

"मगर अब्बू ख़फा नहीं हुए," फ़ात्मा बोली, "अम्मा तो, शी इज़ वेरी ट्रेडीशनल।"

"मेरी और संगीता की शादी की बात तो बड़े मज़े ले-लेकर करती हैं।"

"दिस रेलिजन ही इज़ अ थर्ड रेट थिंग यार।"

जब कुछ नहीं था।
तो शब्द था।
शब्द भगवान है।

और खुदा बाप ने कहा
रोशनी हो जाए
और रोशनी हो गई।

कुन, फ़यक़ुन
(उसने कहा : हो जा।
बस हो गया।)

न था कुछ तो खुदा था, कुछ न होता तो खुदा होता
डुबोया मुझको होने ने, न होता मैं, तो क्या होता।

इस होने और न होने के बीच में एक दरिया है। कोई उसे जुदाई का दरिया कहता है, कोई मिलन का। परन्तु वास्तव में वह समय का दरिया है। न वह जुदाई जाने, न मिलन।

नींदों के चूल्हे पर
आँखों की हाँडी में
मेरे अन्दर का 'मैं'
सपने पकवाता है
कुछ सपने तो बिलकुल कच्चे रह जाते हैं
और कुछ जल जाते हैं
मेरे अन्दर का 'मैं' भूका रह जाता है।

"मैं अपने अन्दर के इस 'मैं' को कैसे समझाऊँ कि भाई मेरे किए कुछ नहीं होगा..." अब्बास ने सामनेवाली दीवार से कहा और दीवार ने वही बात किरमिच की गेंद की तरह उसकी तरफ़ लौटा दी।

इन बच्चों को कौन समझाए कि इश्क़ कोई आसान काम नहीं है क्योंकि इश्क़ तो 'न खेतन ऊपजे और न हाट बिकाय!' उन्नीस बरस की फ़ात्मा, इक्कीस बरस का रवि...उसे घर जाते डर लग रहा था।

अकबर मासिक 'अदब' के सम्पादकीय के दो पन्ने लेकर आ गए। इन पन्नों का आज ही प्रेस में जाना ज़रूरी था।

पहला पन्ना प्रेस में जा चुका था।

मैं दो नम्बर के तरक़्क़ीपसन्द अदीबों से बहुत घबराता हूँ, क्योंकि उनके पास ब्लैक-साहित्य और बलैक-आलोचना का बहुत बड़ा ख़ज़ाना है।

आपको याद होगा बहुत दिन हुए अली सरदार जाफ़री की किताब 'तरक़्क़ीपसन्द अदब' छाई हुई थी।

उस किताब में जाफ़री अपने साथियों में से अली जवाद ज़ैदी का नाम लेना बिलकुल भूल गए, क्योंकि ज़ैदी ने दूसरी जंग को क़ौमी जंग मानने से इनकार कर दिया था।

उस किताब में बाकर महदी, ख़लीलुर्रहमान आज़मी, अंजुम आज़मी, तेग़ इलाहाबादी, अख़तर पयामी, राही मासूम रज़ा, मंजर शहाब, मज़हर इमाम और जावेद कमाल जैसे किसी नौजवान शायर का ज़िक्र नहीं था।

दूसरा ऐडिशन छपा तो यह लोग फ़ुटनोट में आ गए जबकि इनमें से हर शायर मजरूह सुलतानपुरी से अच्छा शायर था।

इन शायरों की शायरी में दिल भी था और दिमाग़ भी जबकि मजरूह साहब के यहाँ दमाग़-ही-दमाग़ है–और दमाग़ भी क्या...

"नहीं साहब," उसने अकबर साहब से कहा, "यह नहीं चलेगा..."

उसने वह क़िताबत किए हुए दोनों वरक़ फाड़ दिए।

"प्रेस को फ़ोन कर दीजिए कि पहला फ़र्मा कल आएगा," वह घर जाने के लिए खड़ा हो गया, "आज रात को लिख दूँगा।"

वह आफिस से बाहर आ गया।

बम्बई अपनी सड़कों पर हर तरफ़ भागता फिर रहा था।

वह पैदल चल पड़ा।

उसे अपने आप पर ग़ुस्सा आ रहा था क्योंकि वह जानता था कि उसके सम्पादकीय में झल्लाहट ज़्यादा थी और आलोचना कम। और यदि सवेरे रवि और फ़ात्मावाली बात न निकल आई होती तो शायद वह इतना झल्लाया हुआ न होता।

यह दिल कैसी अजीब नगरी है। ज़िन्दगी-भर आदमी उसी में भटकता रहता है। समझता है कि तमाम गली-कूचे देख लिए कि यकायक कोई नई तारीक गली सामने आ जाती है और आदमी हैरान रह जाता है कि अभी पल-भर पहले तक तो अँधेरे की यह गली नहीं थी। और इन नई गलियों का ग़ैर अँधेरा इतना बेदर्द होता है कि सपनों के चिराग़ भी नहीं जलने देता।

जिस सैयदा को माज़िद और संगीता के प्यार पर एतराज़ नहीं, वही सैयदा फ़ात्मा और रवि के प्यार का इतना बुरा कैसे मान सकती है?

“देखो जी,” सैयदा ने कहा और लेटे-लेटे उठ बैठी, “बेटे की बात और है। वह चाहे जिसे ले आए पर बेटी को...हिन्दू तो हिन्दू है, सुन्नी तक से नहीं ब्याहूँगी!”

“क्यों फ़ज़ूल बात करती हो,” उसने सैयदा का हाथ अपने हाथ में लेना चाहा। सैयदा ने अपना हाथ हटा लिया। “हिन्दू बहू और हिन्दू दामाद में फ़र्क है भई ?”

“फ़र्क है,” सैयदा ने कहा, “अगर फ़ात्मा ने उस धोती महरोतरा के बेटे से शादी की सोची भी तो मैं कुछ खाकर मर जाऊँगी, फिर तुम भी कोई हिन्दुनी ब्याह लाना और नेशनल इंटिगरेशन करना।”

अब्बास अपनी उदासी के बावजूद खिलखिलाके हँस पड़ा और सैयदा फूट-फूटके रोने लगी। और सैयदा के आँसुओं ने उसके सपनों की गलियों को गीला कर दिया और वह अपनी उदासी को कम्बल की तरह ओढ़कर लेट गया।

हिज्र की रात कटी
सुबह हुई
दर्द की सुबह हुई
मलगुजे वक़्त के बोसीदा कफ़न में लिपटी
शमए-कुश्ता
ख्वाब के शहर में, टूटी हुई, बिखरी हुई, हर एक ताबीर
मरे जुनूँ की तक़दीर
कहीं बजती नहीं कोई ज़ंजीर
दोस्तो !
दर्द का यह दिन भी गुज़रने के लिए आया है।
शाम तक यह भी गुज़र जाएगा
अपनी आँखों को सँभाले रखना
हिज्र की रात में कुछ ख्वाब उगाने के लिए
इन्हीं सपनों की ज़रूरत होगी।

ख़ून के धब्बे धुलेंगे कितनी बरसातों के बाद

"क्या कह रही हो तुम।" विष्णुजी शेव करते-करते रुक गए।

"वही कह रही हूँ जो जमनाबाई ने कहा," कान्ता महरोत्रा बोली, "मूसवी भाई साहब से डाइवोर्स लेके सैयदा पीलीभीत चली गई। वहाँ उसका भाई डी.एम. है।"

"परन्तु उन दोनों में तो इतना प्यार था।"

"ऊह माटी डालो ऐसे प्यार पर," कान्ता बोली, "जो पति की ज़रा-सी बात न माने।"

"झगड़ा क्यों हुआ ?"

"मूसवी भाई साहब ने कहा कि रवि अच्छा लड़का है, फ़ात्मा को उसी से ब्याहूँगा। इस पर वह बोलीं, अच्छा क्या होगा खाक़ ! हिन्दू है। यह सुनके जमनाबाई तो कहती है कि मूसवी भाई साहब ने कसके थप्पड़ मार दिया; पर मैं यह नहीं मानती कि मूसवी भाई साहब ऐसा कर सकते हैं। हाँ, डाँटा ज़रूर होगा।"

"इन मुसलमानों में यही भारी दोष है। भाषण देंगे क्षेत्र और धर्मनिरपेक्षता पर, परन्तु हिन्दू के लड़के से बेटी नहीं ब्याहेंगे। पर सैयदा को तो मैं सेकुलर समझता था। अन्दर से ऐसी कट्टर थी !...''

दरवाज़े की घण्टी बजी।

पल-भर बाद संगीता आई।

"मूसवी अंकल आए हैं।"

"अभी आता हूँ।"

बाहर मूसवी टाइम्स ऑफ इण्डिया पढ़ने लगा। हालाँकि वह पूरा टाइम्स ऑफ इण्डिया घर से पढ़के आया था। फ़र्क़ क्या पड़ता है। दुनिया का अब यह हाल है कि अख़बार नए हो ही नहीं पाते। वही झगड़े। वही तनाव। वही हारें। वहीं जीतें।

"नमस्ते मूसवी भाई !" विष्णुजी आ गए, "क्षमा कीजिएगा, शेव

कर रहा था।" अब्बास से हाथ मिलाकर बैठ जाते हैं, "भैया साफ़ बात यह है कि मुझे श्रीमती गांधी की यह बात पसन्द नहीं आ रही है। भिण्डरावाला सर पर चढ़ा आ रहा है।...पंजाब में रोज़ दो-चार हिन्दू मारे जा रहे हैं, पर वह धर्मनिरपेक्षता की बात किए चली जा रही हैं कि साले हिन्दुओ, एक हाथ से ताली बजाए जाओ। मैं पूछता हूँ कि जब क़ाबाशरीफ़ में सऊदी फ़ौजें जा सकती हैं तो स्वर्ण मन्दिर में भारतीय सेना क्यों नहीं जा सकती ?" एकदम वे चिल्लाए–"अरे भई चाय लाओ।" वह फिर मूसवी से बोले, "भाभीजी कैसी हैं।"

"वह परसों मुझसे लड़कर पीलीभीत चली गईं।"

"अरे !"

कान्ता चाय लेकर आ गई। अब्बास ने देखा कि मेहमान की प्याली का रंग ही दूसरा था और वह यह सोचने लगा कि क्या यहाँ आने के बाद फ़ात्मा के बरतन भी अलग ही रहेंगे?

"कुछ सुना तुमने," विष्णुजी बोले, "सैयदा भाभीजी ने–"

"सुना तो था," कान्ता बोली, "पर पूछने की हिम्मत नहीं हो रही थी।" उसने मेहमानवाली प्याली अब्बास को देते हुए कहा, "पर ऐसा हुआ क्यों ?"

"बात यह है भाभी," अब्बास ने कहा, "कि फ़ात्मा और रवि एक-दूसरे से प्यार करते हैं। सैयदा को यह प्यार अच्छा नहीं लगा।"

"मैं खुद भी इसी सिलसिले में आपके पास आने की सोच रहा था," विष्णुजी ने कहा, "वास्तव में हमीं लोगों को मिसाल बनानी पड़ेगी। यदि आपको कोई एतराज़ न हो तो रवि और फ़ात्मा बेटी का विवाह करके एक मिसाल क़ायम ही कर दें।"

अब्बास ने कान्ता की तरफ़ देखा।

"भाई साहब मेरी तरफ़ न देखिए," कान्ता ने कहा, "मैं तो जैसी हूँ वैसी हूँ। फ़ात्मा आ जाएगी तो अपना बरतन-बासन अलग कर लूँगी..."

"अपना बरतन-बासन आप क्यों अलग करें, भाभी। बरतन-बासन तो उसका अलग होना चाहिए।"

"ऐ भाई साहब, यह क्या कह रहे हैं आप। वह तो गृहलक्ष्मी बनके आएगी। मैं भला गृहलक्ष्मी का अपमान कर सकती हूँ।"

अब्बास ने गले में एक भरन-सी महसूस की तो समय लेने के लिए

वह सिगरेट जलाने लगा।

"पहले तो धूमधाम से मँगनी की जाए," विष्णुजी बोले, "फेरे तो इम्तिहानों के बाद ही पड़ेंगे।"

"जी हाँ!" अब्बास ने कहा, "पर मैं चाहता था कि दोनों मँगनियाँ साथ-ही-साथ हो जाएँ।"

"दोनों?" विष्णुजी की समझ में यह बात नहीं आई।

"जी हाँ!" अब्बास ने कहा, "संगीता और माजिद की भी तो शादी करनी है न! मँगनी अभी किए देते हैं। निक़ाह होता रहेगा।"

"निक़ाह!"

"अगर फ़ात्मा के फेरे पड़े, तब तो संगीता का निक़ाह करना ही पड़ेगा न!"

"देखिए भाई साहब, बुरा मत मानिएगा," विष्णुजी बोले, "अभी तक तो मैंने संगीता का रिश्ता ही नहीं स्वीकार किया है। हमारे ख़ानदान में और बहुत-सी लड़कियाँ हैं। आप तो जानते हैं कि मैं हिन्दू-मुसलमान के चक्कर ही में नहीं पड़ता। मेरा धर्म तो मानवता है। परन्तु अगर संगीता को मुसलमानों में ब्याह दिया तो ख़ानदान की दूसरी लड़कियों की लग्न में बड़ी कठिनाई हो जाएगी और मेरी बेटी के मुसलमान होने का तो सवाल ही नहीं उठता। यह नेशनल इंटिगरेशन की स्प्रिट के खिलाफ़..."

"क्यों श्रीमान ?" कान्ता ने कहा, "अगर इनकी फ़ात्मा के फेरे पड़ सकते हैं तो तुम्हारी संगीता का निक़ाह क्यों नहीं होगा? लड़की जहाँ जा रही है, उसे वहीं की होकर रहना चाहिए।"

उस रात विष्णुजी और कान्ता में पहला सीरियस झगड़ा हुआ।

"लड़के की बात और है, पर मैं अपनी लड़की मुसलमानों में नहीं ब्याह सकता।"

"क्यों नहीं ब्याह सकते," कान्ता बोली, "उसने मुसलमान लड़के से प्यार किया है तो भुगते।"

"कमाल करती हो। मैं मुसलमान होता तो क्या तुम मुझसे ब्याह कर लेतीं?"

"तुम मुसलमान होते तो मैं तुम्हें प्यार ही क्यों करती," कान्ता बोली, "पर जो प्यार करती तो ब्याह भी करती।"

"तुम भी कमाल की औरत हो, कान्ता।"

"नहीं। मैं तुम्हारी औरत हूँ," कान्ता बोली–गांधीजी, नेहरूजी, क़िदवईजी, आचार्य नरेन्द्रदेव, पन्तजी, आदि-आदि की बहू! समझे!" वह चमककर कमरे से निकल गई और विष्णु महरोत्रा अपने फ़ैमिली अलबम के साथ अकेले रह गए।

दादाजी गांधीजी के साथ।

यह पण्डितजी, क़िदवई दादा, जयप्रकाश नारायणजी और दादाजी।

दादाजी, आचार्य नरेन्द्रदेव के साथ।

पिताजी, डॉ. लोहिया और अरुणा आसिफ़ अली।

पन्ने पलटते गए।

परन्तु गांधीजी ने विजयलक्ष्मी और डॉ. सैयद हसन की शादी तो रोक ही दी थी।

कहते हैं पण्डित मोतीलाल की मुसलमान पत्नी भी थी...हाँ भई तो पत्नी थी ना! और प्रियदर्शिनी ने जो फ़ीरोज गांधी से शादी की...फ़ीरोज़ गांधी पारसी थे, मुसलमान नहीं थे। जो वह मुसलमान होते तो गांधीजी यह शादी कभी न होने देते।

धर्मनिरपेक्षता की ज़मीन बहुत कमज़ोर है। कुदाल, फावड़े की ज़रूरत नहीं, नाखून से ज़रा-सा खुर्चें तो निरपेक्षता काग़ज़ की तरह फट जाती है और कोई शाही इमाम, कोई भिण्डरावाला, कोई देवरस, कोई बाल ठाकरे निकल आता है। साम्प्रदायिकता का प्रेत हमारे अन्दर, दिलों की किसी अँधेरी गली में छिपा बैठा है और जब किसी तरफ़ से रोशनी आने लगती है तो यह प्रेत उठकर दिल के दरवाज़े-खिड़कियाँ बन्द कर देता है–

घटा ज़मीं पर झुकी हुई है
नदी का पानी
हवा के नेज़ों की चोट खाकर तड़प रहा है
किनारे सहमे हुए खड़े हैं
हवा के नाखून कड़े दरख्तों के पैरहन में धँसे हुए हैं
तमाम शाखें कराहती हैं
कगर के माथे से गीली मिट्टी पसीने की तरह गिर रही है
नदी के सीने पे एक इफ़रीत,
झाग के सद हज़ार घुँघरू पहनके बेताल नाचता है।

शायद धर्म और साम्प्रदायिकता का कोई सीधा सम्बन्ध नहीं है।

या शायद है। सत्य क्या है ? कान्ता या विष्णु महरोत्रा ? सैयदा या अब्बास मूसवी ? वाहिद की मुसलमानी कि माज़िद, फ़ात्मा, रवि और संगीता के इश्क़ की अमर, अकबर, एन्थोनी?

सत्य शायद एक बहरूपिया है जो रोज़ कोई नया चेहरा लगाकर सामने आता है...और कोई उसे पहचान नहीं पाता।

महरोत्राजी का फैमिली अलबम भी शायद उसी सत्य का रूप है जिसने रवि और फ़ात्मा की शादी को स्वीकार कर लिया पर जो माज़िद और संगीता की शादी स्वीकार न कर सका। पर वह कान्ता भी तो शायद इसी सत्य का एक रूप है जो मुसलमानों का छुआ नहीं खाती, जिसके घर में धर्मनिरपेक्षता के बरतन अलग हैं पर जो रवि-फ़ात्मा और माज़िद-संगीता ब्याहों का स्वागत करती है।

बलवों में हिन्दू-मुसलमान एक-दूसरे को मारते भी हैं और एक-दूसरे की जान भी बचाते हैं और कभी-कभार 'मिशटेक' भी कर बैठते हैं।

दर्द की यह किताब शुरू से आख़िर तक पढ़ डालना कितना मुश्किल काम है। जहाँ यह लगने लगता है कि शायद यह किताब ख़त्म होने जा रही है, वहीं से दर्द का कोई नया अध्याय शुरू हो जाता है। मूसवी पर भी वह रात भारी गुज़री। सैयदा बिन घर सूना लग रहा था। जैसे उसके सिवा कोई उस घर में रहता ही न रहा हो।

वाहिद भी उसके साथ चला गया था और फ़ात्मा और माज़िद मुजरिमों की तरह अपने दिल की काल-कोठरी में बन्द थे।

राम मोहन का बच्चा किचन में रो रहा था।

अब्बास ने कृष्णा सोबती का 'ज़िन्दगीनामा' बन्द कर दिया। वह बरसों से उसे पढ़ने की कोशिश में था पर पढ़ नहीं पाता था। कथन इतना उखड़ा-उखड़ा था कि पढ़ने का तार नहीं बँध पाता था। पर सैयदा की जुदाई की दुलाई ओढ़कर उसने सोचा था कि 'ज़िन्दगीनामा' को झेल जाएगा। पर जुदाई का धागा भी 'ज़िन्दगीनामा' को नहीं बाँध पाया।

वह गुनगुनाने लगा।

दश्त में आया तो बस एक पता याद रहा
उसकी दीवार के साए का मजा याद रहा...

"आप सोए नहीं," माज़िद की आवाज़ ने उसे चौंका दिया।

माज़िद के साथ फ़ात्मा भी थी। दोनों आकर उस पलँग पर बैठ

गए, जिस पर सैयदा की जगह खाली थी।

और फ़ात्मा रोने लगी।

अब्बास ने उसे रोने दिया।

"आप अम्मा को ले आइए," माजिद ने कहा, "मैं संगीता से ब्याह करना नहीं चाहता।"

"मुझे भी रवि से ब्याह नहीं करना है।" फ़ात्मा ने कहा।

"पागलपन की बातें नहीं करते," अब्बास को बोलना ही पड़ा, "हम और सैयदा बहुत दिनों साथ रह चुके हैं पर तुम लोगों ने तो अभी साथ रहना शुरू भी नहीं किया है।" वह दोनों के सर सहलाने लगा, "हम दोनों के रिश्ते की नब्ज़ पर सिर्फ़ तुम दोनों के इश्क़ ही का दबाव नहीं था। सैकड़ों-हज़ारों दबाव हैं। जाओ, जाकर सो जाओ।"

"न," फ़ात्मा ने कहा, "पहले आप वायदा कीजिए कि अम्मा को ले आएँगे।"

"यह इतनी सादा बात नहीं है बेटी," उसने फ़ात्मा के गाल सहलाते हुए कहा, "तुम्हारी अम्मा और मुझमें लड़ाई नहीं हुई है। हमारी सोच के रास्ते अलग हो गए हैं। तुम्हारे शादी करने या न करने से इसका कोई ताल्लुक़ नहीं है। मुझमें और तुम्हारी अम्मा में डिफरेंस आफ उपीनियन हो गया है। शाबाश! जाके सो जाव..."

दोनों फिर भी थोड़ी देर बैठ रहे। फिर चुपचाप उठे और मूसवी को अपने ग़म के साथ अकेला छोड़कर चले गए।

पर उस रात वह सो नहीं सका।

अकेले हो जाने का मतलब धीरे-धीरे रात की तरह उतर रहा था।

अल्लाह! हमारी क़िस्मत में इतनी रातें क्यों हैं?
रात के बाद भी रात आती रही है अब तक
कल का कुछ ठीक नहीं
क्या पता
रात ही आ जाए फिर इस रात के बाद
ऐसा लगता है कि अब
नींद के पेड़ में ख़्वाबों का कोई फूल नहीं
आज की रात गुज़र जाने दो
सुबह तक हम भी गुज़र जाएँगे
बँध चुका रख़्ते-सफ़र

ज़ख़्म
ज़ख़्मों के निशाँ
बेवफ़ाई का नमक
सारे गहमाए हुए चाँदों का दर्द
सारी जागी हुई रातों की थकन
सारे टूटे हुए ख़्वाबों की चुभन
दिल में उतरे हुए सारे नश्तर
आर्जुओं की मिठास
थोड़ी-सी जीने की प्यास
मेहरबाँ चेहरे के दिन का कोई पल
चारागर जुल्फ़ों की शब से कोई रोशन लमहा
चम्पई वक़्त की ख़ुशबू में
उसकी ज़ेबाई के सारे मौसम बसाई हुई ओस
उसकी दिलदारी की हर राह गुज़र...

वह रात-भर जागता रहा और सैयदा को याद करता रहा कि चिड़ियों के बोलने की आवाज़ आने लगी। सड़कें जाग गईं। बसें चलने लगीं। और गौरैयों का वह जोड़ा खिड़की पर आ गया जो पिछले दस दिनों से उसकी किताबों में घोंसला बनाने का प्रयत्न कर रहा था...

उसने गौरैयों को नहीं हँकाया। कोई तो रहे। और वह दोनों किताबों के पीछे तिनके जमा करने लगीं...

सड़क की आवाज़ें पूरी तरह जाग चुकी थीं। इसी वक़्त सैयदा सुबह की पहली चाय पिलाया करती थी...

कौशल्या, राम मोहन की पत्नी, चाय लेकर आई। उसे जागता देखकर उसने घूँघट खींच लिया।

अब्बास मुस्कुरा दिया। अब तक उसने शीला की न सूरत देखी थी और न ही आवाज़ सुनी थी। पर सैयदा ने उसे यक़ीन दिलाया था कि शीला के पास सूरत भी है और आवाज़ भी।

उसने चाय की ट्रे से अख़बार उठा लिया।

31 अक्तूबर।

वही दो नम्बर की ख़बरें।

पंजाब में उग्रवादियों ने 5 हिन्दुओं को मार डाला।

मिसेज़ गांधी ने आन्ध्रप्रदेश में कहा कि अगर उनके खून का आख़िरी क़तरा भी देश के काम आ जाए तो वह इसे अपना सौभाग्य समझेंगी।

लाल डेंगा बातचीत करने पर तैयार।

हिन्दुस्तान-पाकिस्तान टेस्ट मैच।

फ़र्रुख़ाबाद में एक दो सरोंवाला बच्चा पैदा हुआ...

31 अक्तूबर की जो सबसे अहम ख़बर थी, वह कोई साढ़े-दस बजे माज़िद ले आया।

जयन्त धर्माधिकारी के साथ वह सियासी गप्प लड़ा रहा था।

"हिन्दुस्तान में सबसे छोटी अक़लीयत तो हिन्दुस्तानियों की है माई डियर। इस माइनॉरिटी के अधिकारों की रक्षा के लिए भी तो कुछ करो..."

धर्माधिकारी ज़ोर से हँसा और उस हँसी के बीच ही में दौड़ा-दौड़ा माज़िद आया।

"मिसेज़ गांधी को उनके गार्डों ने मार दिया।"

सारी दुनिया के अख़बारों और रेडियो-स्टेशनों का यह ख़बर सुनाते-सुनाते गला पड़ गया कि मिसेज़ गांधी की हत्या हो गई। परन्तु आकाशवाणी और दूरदर्शन शाम के छह बजे तक उनके घायल ही होने की ख़बर देते रहे।

और फिर दिल्ली में सन् 47 लौट आया।

ओस कच्चे घड़े की तरह बर गई
सोहनी बीच तूफान में रह गई
जामा मस्ज़िद में अल्लाह की ज़ात थी
चाँदनी चौक में रात-ही-रात थी...

रात-ही-रात...

अँधेरा

ज़िन्दा जलाए जाते हुए इंसान

ट्रेनें रोकी जाने लगीं।

बसों से सिख चुन-चुनकर नोचे जाने लगे।

वारिस शाह! तुम कहाँ हो...

समझ में नहीं आता कि दिल्ली की किस्मत में लाशों का जो कोटा है, वह कब ख़त्म होगा।

दिल की वीरानी का क्या मज़कूर हो
यह नगर सौ मरतबा लूटा गया।

दिल्ली का यह मरसिया मीर तक़ी ने लिखा था।

आज कौन लिखेगा ? हिन्दुस्तान में कोई इतना बड़ा शायर दिखाई भी नहीं दे रहा है...

आपरेशन ब्ल्यू स्टार।

भिण्डरावाला की मौत।

तोहरा और लोंगोवाल का हथियार डालना।

पंजाब में उग्रवादियों की गिरफ्तारियाँ।

स्वर्ण मन्दिर के सरोवर से हथियारों का निकलना।

लन्दन के चौहान की तक़रीरें।

ख़ालिस्तान के नारे...

यह सारी आवाज़ें धीमी पड़ गईं। नफ़रत का प्रेत-बेताल नाचता हुआ दिल्ली, कलकत्ता, पटना, इन्दौर, कानपुर, फरीदाबाद की सड़कों पर आ गया।

वह इन्दिरा गांधीजी मुसलमानों को मसका लगानेवाली कही जाती थीं। वह पल-भर में इन्दिरा माँ बन गईं और उनके हिन्दू बेटे, बेगुनाह सिखों को मारने के लिए सड़कों पर निकल आए।

असन्तोष का एक मौसम ख़त्म भी नहीं हो पाया था कि असन्तोष का एक दूसरा मौसम शुरू हो गया...

और पता नहीं कि इस मौसम की उम्र कितनी है...या यह कि इस मौसम के बाद कौन-सा मौसम आएगा।

घर से निकलें तो सही
अपनी वहशत के लिए ढंग का सहारा ढूँढें
ओस की झील में हसरत का जज़ीरा ढूँढें
वक़्त बहता हुआ दरिया है तो क्या
सुर्ख रुई का कोई एक तो लमहा होगा
चलें ज़िन्दाँ की तरफ़
दार के साए में खड़े हो जाएँ
ढल चली उम्र की धूप अब तो बड़े हो जाएँ।

बड़े-बड़े लोग आए।

इन्दिरा गांधी का जनाज़ा शान से निकला। राजीव गांधी ने चिता

को आग दी। फिर वे लोग आने लगे जो यह साबित करना चाहते थे कि वे नए प्रधानमन्त्री के क़रीब हैं...

दुनिया-भर के बड़े-बड़े लोग दूर से बैठे तमाशा-सा देख रहे थे...

टी.वी. देखते-देखते अब्बास की आँखें दुखने लगी थीं। पर राम मोहन चिपका बैठा हुआ था। उसकी पत्नी रो रही थी।

तो वह टी.वी. बन्द न कर सका। उठकर अपने कमरे में चला गया और सैयदा की यादों की चादर ओढ़के लेट गया...सोचने लगा।

कब नज़र में आएगी बेदाग़ सब्ज़े की बहार
खून के धब्बे धुलेंगे कितनी बरसातों के बाद।

अहिंसावादी हिन्दुस्तान का दामन 2500 बरसों के खून से लिथड़ा हुआ है। चिपक रहा है बदन पर लहू से पैरहन।

कोई देश इतनी लम्बी मुद्दत तक अपने भविष्य के सपनों का अपमान कैसे सहन कर सकता है...

"नज़्म का उनवान है 'कलकत्ता मर रहा है'।" मूसवी ने सामने बैठी भीड़ से कहा।

"न जाने कौन-सा अख़बार था वह
किसी नेता का इक भाषण छपा था
कि कलकत्ता तो कब का मर चुका है
कि शायद मर रहा है
मुझे मिलता जो वह नेता,
तो उससे पूछता इतना
कि भैया यह बता दो
कि इस हिन्दूस्तां
जन्नत निशाँ में
कोई ज़िन्दा नगर
बस्ती
मुहल्ला
किस तरफ़ है
जिसे हिन्दूस्तां कहते हैं हम सब
वह हिन्दुस्तां नहीं है
वह मुर्दा बस्तियों का एक क़ब्रिस्तान है अब
वह इक श्मशान है अब..."

क़ैसरबाग़ की बारहदरी में बैठकर यह कविता-पाठ उसे बड़ा अजीब लग रहा था कि उसने देखा !

तीसरी क़तार में दाहिनी तरफ़ से दूसरी कुरसी पर सैयदा बैठी रो रही है और बग़लवाली कुरसी पर बैठा वाहिद उसकी तरफ़ देखके हाथ हिला रहा है।

"यह मेरे अब्बू हैं जनाब!" वाहिद ने पास बैठे हुए एक अँगरखापोश बुज़ुर्ग को ख़बर दी। उन बुज़ुर्ग को इस ख़बर में कोई दिलचस्पी नहीं थी। "हम लोग यह मुशायरा सुनने परताबगढ़ (प्रतापगढ़) से यहाँ आए हैं। बात यह कि मेरे अब्बू और मेरी अम्मा में झगड़ा हो गया..."

सामने कोई और शायर तरन्नुम से कोई ग़ज़ल सुना रहा था...

सैयदा आँखें झुकाए बैठी थी। बग़ल में उसके छोटे भाई अली मुरतुज़ा ऐडवोकेट बैठे थे। वह अब्बास को आता देखकर हैरान हुए। मगर उठ गए। वह उस कुर्सी पर बैठ गया। वाहिद ने भी उसका आना नहीं देखा क्योंकि वह उन बड़े मियाँ से कानाफूसी में लगा हुआ था।

"कैसी हो?" अब्बास ने पूछा।

वह चौंक पड़ी।

"उस ख़त में मैं तुम्हें यह लिखना भूल गया था कि माज़िद के साथ रवि ने भी खुदकुशी कर ली थी।"

सैयदा चुप रही क्योंकि वह आँसू रोकने की कोशिश में लगी हुई थी।

"फ़ात्मा कुछ कहती नहीं। पर हर वक़्त तुम्हें याद करती रहती है।"

"वाहिद भी तुम्हें बहुत याद करता है।"

"बच्चों को यादों की सज़ा नहीं देनी चाहिए।"

"हाँ।"

शायर की आवाज़ आ रही थी...

साँस भी लो तो एक अँधेरा दिल के अन्दर उतरे
हम इस मैली धूप को यारो किस पानी से धोएँ।

छत उड़ गई। शायर से वह शे'र बार-बार पढ़ने की फ़रमाइश होने

लगी। अब्बास सैयदा और वाहिद को लिये हुए पैदल क़ैसरबाग़ चौराहे की तरफ़ चल पड़ा। मुशायरे की आवाज़ें थोड़ी दूर साथ आईं और फिर शायद मुशायरे की तरफ़ लौट गईं।

●●●